As
Visões
Pitorescas
de
Português

ポルトガル語の色彩

浜岡 究

現代書館

ポルトガル語の色彩
As Visões Pitorescas de Português
目　次

はじめに ……………………………………………… 7

ポルトガル語の文字と発音 ……………………………… 15

序章 ……………………………………………………… 20

第1章　ポルトガル語の色彩 ……………………… 22

第2章　ポルトガル語の分解 ……………………… 52

第3章　ポルトガル語の多彩な仲間たち ……… 74

第4章　ポルトガル語に縛られないで ………… 88

第5章　ポルトガル語の授業
　　　　──話して、聞いて、質問しまくれ！── ……… 121

第6章　ポルトガル語 E メールの書き方 ……… 135

第7章　ポルトガル語クエスチョン ……………157

第8章　「大西(洋)」河 (Rio Atlântico) を
　　　　渡り続けるアソーレス人 ………… 181

補章　中級ポルトガル語へのチャレンジ ……… 186

参考文献 ………………………………………… 254

あとがき ………………………………………… 255

世界のポルトガル語圏

大西洋
アゾレス諸島
マディラ諸島
カナリア諸島
タンジェール・セウタ
モロッコ
カボ・ベルデ諸島
サントメ・プリンシペ
ギニア・ビサウ
ブラジル
サン・パウロ
リオ・デ・ジャネイロ
サンタ・カタリーナ
アンゴラ
ルアンダ
モザンビーク
赤道
ゴア
ボンベイ
インド洋
東ティモール
マカオ

はじめに

　すでにポルトガル語については入門書も文法書も類書はたくさんありますが、本書は入門・初級修了者が、いままで学習したことを活用しながら、さらに中級をめざしていくための読み物です。といっても急に難しい中級者向けの文例ばかりを収めた本ではありません。本書は、中級者がじっくり学習できる文例を用意していますが、細かい文法事項を忘れ、文章をそのままそっくり会話に使ってもらうことも可能なように、会話実例文集にもなっています。それらの文章の構造、文法事項、語句の説明も省略せず、希望者はかなり詳細に理解できるように説明がしてあります。つまり、読者の希望によっていろいろな使い方ができる本です。はじめてポルトガル語会話に接する方の独学用語学書・文例解説集でもあります。ポルトガルやブラジルに留学、旅行、出張、赴任する前に読んでおくとガイドブックとしても利用でき、とても会話が楽になるでしょう。スペイン語、イタリア語、フランス語などのポルトガル語と同じロマンス語系統の言語を勉強された人も、方言を勉強するかのように入り込むことができると思います。

　冒頭で述べましたとおり日本には文法の入門書や初歩会話の例文集はたくさんありますが、それが終わってからさらに２年、３年間使えるものはどうもとても少ないとの印象を拭えません。中・上級者レベルに向けて勉強を続けてゆくためのセカンド・ステップの本がほとんどないのです。そのような空白に挑戦してみたいという意思は筆者には昔からありました。東京にある拓殖大学言語文化研究所オープンカレッジにて、ブラジル・ポルトガル語会話の講座を担当していることから、会話の授業の経験も踏まえて、独自の見解も

含めたものとして本書を書きました。読者にとって本書が従来の語学書とは一味違ったものになることを願っております。

　タイトルで「色彩」としたのには理由があります。本書は、試験勉強のように効率的な学習だけを目的にしている本ではありません。文法書という系統的に言語の構造がまとめられた本は、座右においておくと外国語を学ぶうえでとても便利で重要なものです。筆者も文法の学習が重要であることに何の異論もありません。文法学習はとても大切なことです。しかし、そのうえでさらに注意してほしいのは、実際にことばを話す人は、皆が文法書に書いてあるように同じように話しているわけではなく、また話せるはずがないという事実もあることです。まずは、日本人の話す日本語を考えてみるとよいでしょう。日本語の文法書に書いてあるように話している人がいるでしょうか。途切れ途切れのつながりになっているはずです。それぞれの人間は、ひとりひとり違ったように話して、書いているので、人によって表現は必ず変わって、違っているのです。これは、文法を学ぶことに意味がない、ということでは決してありません。どの言語にも文法はあり、それを理解することはことばを学ぶうえで必須のことです。しかし、文法を尊ぶあまり、文法書や辞書のみを正しいと思い込むことは危険なことでもあります。ことばを使うのは人間であり、文法書が人間を拘束するものではありません。人間があって、ことばがあって、そのうえで文法書ができあがりました。しかし、人の話し、書くことばは生きているので、変化していきます。どうやら文法（書）がそれについて行けない世の中になっているのではないでしょうか。日本の広辞苑が改訂ごとに新語をとり入れていることからも、人間が話すことばが先行していることがわかります。

　ポルトガルのポルトガル語が本当のポルトガル語で、それ以外の国のポルトガル語は間違っているとか、ポルトガルのインテリは正

しいことばを話しているが、ポルトガルの民衆は正しくない言葉を話しているというのは大変な誤解です。それぞれが、それぞれに適切な表現や語彙をもっているのです。外国語としてポルトガル語を学ぶ私たちは、文法を理解したうえで、さらに「ことばは生きていて多様なものであり、文法書や辞書にないことばもまた大切な表現である」ということを理解すべきでしょう。本書を読み進みながら、そんなポルトガル語のさまざまな「色彩」を理解していただけるでしょう。本書の文体には、ネット上のブログのようになっている箇所がありますが、これもまた生きたポルトガル語のかたちで、それを楽しんでいきたいと思います。ことばには形式や文法というものはあっても、それにとらわれると、外国語を学び、コミュニケーションをとる楽しみが消えてしまい、悲壮感だけが漂い、話せない、書けないなどの苦しさだけになってしまいます。本書では他の本ではあまり取り上げないリアルな会話などを例示していきます。それをもとにもっと自由な言語観を持っていただければ幸いです。

　本は難しい文体だけで、読むのが嫌になることがあります。ましてや、難しい論文となると大勢の人が敬遠します。文が持つ役割や効果について本書の例文をもとに考えていきましょう。さらに、言語を知るためのグローバルな国家の形成も概観すれば、なお一層言語の発展と言語間の交流の理解が深まるので、多方面からの知識を「塗り重ね」ていくこともできるでしょう。したがって、本書は、あたかもさまざまな色をペインティングすることによって、下絵から徐々に違った色ができていくようにポルトガル語をさまざまな視点から考えていきたいと思います。また、この柔軟な考え方を通し、新たな発想によって外国の言語と文化に接したり、学び直すことができると思います。そして、新たに言語と文化への学習意欲が出てくると思います。

　もう10年ほど前のことになりますが、「学ぶことが、こんなに楽しかったとは、浜岡先生と出会うまでわからなかった」と言って

くださった 40 代の女性が筆者の社会人講座にいらっしゃいました。また、つい最近の静岡の工場の語学研修においても、「楽しく学べました」と最終テストに書いて下さった方や、「これまでの語学研修で一番楽しかった」とわざわざ教室にまで言いに来てくださった男性もいらっしゃいました。これは筆者にとっても感激の体験であり、外国語学習とは本来とても楽しいものなのだと改めて実感できた一瞬でした。しかし、では具体的にどんな表現や文章が面白く、どんな授業が楽しめるものなのかと考えると、これはとても難しい問題です。外国語の楽しみ方は当然、人によって異なってくるからです。筆者も外国語を教える者の一人として今後もこの課題に取り組んでいきますが、まずは本書でいままでの筆者の授業内容を再現したいと思います。読者の皆さんのご感想をお待ちしています。また、筆者自身の語学学習・教育の原点についても触れました。読者の方々のご参考になることを望んでいます。

　語学学習の楽しみ方とは何でしょうか？　人それぞれで答えは異なるでしょうが、誰もが実感できることは話が通じることでしょう。実際に外国に旅行や出張・赴任して、習ったことが一言でも通じたときに、その喜びは誰もが実感できることでしょう。そして、その国のおいしい料理を食べ、日本で本を読んで知っていたこと、教室で聞いていた風景や気候などを実感しながらサバイバルして帰国したときには疲れと満足感を覚えるはずです。実際に、こちらから一言いえば、機関銃のように言い返されたというエピソードを聞きます。それは、皆が体験することで、そういう体験を通じて、今度はリスニングを頑張ろうとか、インターネットで外国のニュースを聞いたり、現地の DVD で吹き替えされているものを字幕スーパーつきで見てみようとか、次の課題が見つかるわけです。実際に現地のポスターのポルトガル語が読めなければ、今度は文章に挑戦しようとして、辞書を買ってネットの新聞の大見出しを読んでみることからはじめるとか、現地で知り合った人とメールをやってみようとか、

外国語学習はさまざまな体験を得ることで、どんどん多様になっていきます。入門や初級の学習を終えて、中級に進もうとしている皆さん……。お楽しみはこれからですよ。

　本書各章は、それぞれ独立していますので、読者の方がご自身の興味あるところから、自由に集中的に読んでいただければ幸いです。ただし、ポルトガル語の知識のない方は、第一章から順番に読み進むと知識が蓄積されていくように配列されています。新しいタイプの語学の独学書、会話例文書、中・上級者レベルの総合的文法復習の参考書として、伸び悩んでいる人、実力アップを目指す人、ポルトガルやブラジルの言語と文化を知りたい人に利用していただけることを目指しました。旅行の前にどこに行くかを知るために読んでおくこともいいでしょう。

　第1章の**ポルトガル語の色彩**では、まずポルトガルとブラジルの風土と文化の旅をします。その旅を通じて都市や産物の単語を紹介してポルトガル語に接近していきます。本書のタイトルになっている章でもあります。筆者が実際に体験したポルトガル語感とその世界感を実体験していただけるでしょう。

　第2章の**ポルトガル語の分解**では、これから以下の章を読み進める前にポルトガル語の構造をわかりやすく紹介するものです。本書を読み進めるうえで基本的なポルトガル語の知識となります。また、「分解」と謳っている以上、従来の文法書や参考書がとり扱っていないポルトガル語の仕組みが理解できるように努めました。ポルトガル語を一度勉強した経験のある人は、知識を整理して定着させるとともに、ポルトガル語のこれからの学習と語感を得るために何らかの重要ポイントを体得できると思います。

　第3章の**ポルトガル語の多彩な仲間たち**では、ポルトガル語の熟語を紹介しました。しかし熟語はとても難しく、覚えることばかり

なので、動詞 ter、estar、fazer の三つにしぼって実際の単語の意味と熟語としての意味の違いを比較しながら紹介しました。学習者の方が熟語や慣用表現に興味をもつようになることをめざしたものです。

第4章の**ポルトガル語に縛られないで**では、一度ポルトガル語を勉強してから難しいと感じて学習に行きづまっている方が、ポルトガル語の学習方法や意識を劇的に変えて継続できることを願って執筆したものです。ポルトガル語はいくらやっても話せないとか、日本人には外国語は難しいと思った方はどうか、この章で気持ちを切り替えてください。

第5章の**ポルトガル語の授業――話して、聞いて、質問しまくれ**では、タイトルがそのまま示すように、私の中級の授業はどのように進んでいるかを疑似体験していただける章です。また、筆者の語学教師としての苦労も分かっていただけると思います。

第6章の**ポルトガル語Eメールの書き方**では、メールだけでなく文章を書くにはどのような例文をもとにすればよいか、その一助となればと思いまとめたものです。特に、本書は会話ができるようになるにはどうすればよいかを重点的に説明していますので、この章では文章を書くにはどうしたらよいかというものです。これまでの章とは対照的なものですが、この章によって語学関連書としての趣のバランスがとれると思います。それだけではなく、上級専門家レベルの高度で実用的な例文と文法も紹介・説明しています。

第7章の**ポルトガル語クエスチョン**では、筆者によくある語学の質問と回答をご紹介しました。筆者自身のプライベートなことに関する質問も数多くありますので、あえてこの章で筆者のことも紹介しておきます。

第8章の**「大西（洋）」河（Rio Atlântico）を渡り続けるアソーレス人**では、筆者の言語学に関する研究成果をご紹介します。どうしてブラジルでポルトガル語が定着したのかという基本的な問題を、

ポルトガルの植民地であったからとの回答で済ますことのできない視点で述べています。

最後の補章の**中級ポルトガル語へのチャレンジ**は、入門・初級の学習を終えた方が中級をめざすために文法や表現を確認し、弱点を発見しながら口頭でポルトガル語を描くことができるようになることを目指したものです。例文、文法解説、練習問題と解答もあります。接続法は最高に難しい上級・専門家レベルのものを紹介しています。是非、最後にチャレンジしてみてください。尚、補章のポルトガル語の文章は、構造的にブラジルのポルトガル語になっています。

あとがきは、それぞれ独立した各章を総合して結論を述べたものです。筆者の外国語の勉強の果てには何が見えるのかを綴っています。

本書は、ポルトガルやブラジルを知りたい人、一度ポルトガル語を勉強した人、もう一度基本からやり直したい人、伸び悩んでいる人、中・上級レベルの実力をつけたい人、いろいろな目的の人に幅広く読んでいただけるようにしました。そして、最終的に言語と文化について、どのあたりに神経質になってこだわって勉強したり生活をしたらよいのか、読者の皆様が自分なりの見解をもっていただきたいと思います。そして、いろいろな感想を知らせていただきたいと思います。

ポルトガル語を勉強して海外に行くのであれば、安全という面に気を配らなければなりません。一番安全なのは、日本国内のブラジル人が多い町、群馬県大泉町や静岡県の浜松市や豊田市などに旅行して、ブラジルの雰囲気を味わうことでしょう。しかし、海外での安全という面を考えれば、ポルトガル語圏ではヨーロッパのポルトガルが一番お勧めです。ポルトガル語の勉強のために「ぜひブラジルへ行ってください」と無責任に筆者はいえません。ブラジルに初めて行く人は事前に現地の安全情報を得ることは絶対に必要です。

それでも日本とはまったく異なる社会状況もあるので、十分な防犯準備があっても少なからぬカルチャー・ショックをともなうこともあると思います。ただ言語面では以下、本書で述べるように、日本でブラジルのポルトガル語を学んでおいて、ポルトガルに行っても、そこでサバイバルできます。そのことも詳述します。また、入門・初級レベルではなく、「よくポルトガル語を知っている」ということはどういうことかなどについても、考えてもらえるように触れたいと思います。つまり、本書を読めば中級レベルは脱却できるくらいのことは取り扱っていると筆者は思っています。

　拙著『「ブラジルの発見」とその時代——大航海時代・ポルトガルの野望の行方』を2006年3月に刊行してくださった現代書館から、このたびこのような形でまとめ上げて、幅広い読者に向けて、刊行されることになりました。構成において、執筆前に構成内容を見た現代書館刊の『スペイン語の贈り物』(福嶌教隆著)と『ポーランド語の風景』(渡辺克義著)の中間、もしくはもうすこし違った「色彩」があるのではないかと思います。『海の見える言葉　ポルトガル語の世界』(市之瀬敦著)とはちょっと違ったポルトガル語の魅力をお届けできるように心がけました。

　日本の読者の皆さんが外国語を好きになって、英語以外のことばにもっと大いなる興味をもって、世界に飛躍されんことを願ってやみません。

　いつも拓殖大学でお世話になっている高橋都彦先生、そして編集段階以前から脱稿までお世話になった現代書館編集部部長の吉田秀登氏、どうもありがとうございました。

ポルトガル語の文字と発音

アルファベット

A	｜アー｜	｜a｜
B	｜ベー｜	｜be｜
C	｜セー｜	｜se｜
D	｜デー｜	｜de｜
E	｜エー｜	｜ɛ, e｜
F	｜エフィ｜	｜ɛfi｜
G	｜ジェー｜	｜ʒe｜
H	｜アガー｜	｜agá｜
I	｜イー｜	｜i｜
J	｜ジョータ｜	｜ʒota｜
K	｜カー｜	｜ka｜
L	｜エリ｜	｜ɛli｜
M	｜エミ｜	｜emi｜
N	｜エニ｜	｜eni｜
O	｜オー｜	｜ɔ｜
P	｜ペー｜	｜pe｜
Q	｜ケー｜	｜ke｜
R	｜エヒ｜	｜ɛxi｜
S	｜エシ｜	｜ɛsi｜
T	｜テー｜	｜te｜
U	｜ウー｜	｜u｜
V	｜ヴェー｜	｜ve｜
W	｜ダブリウ｜	｜dablju｜
X	｜シス｜	｜ʃis｜
Y	｜イプシロン｜	｜ipsilõ｜
Z	｜ゼー｜	｜ze｜

ＫＷＹは外来語を表記するのに用いられるだけです。そのほか Ç｜セー・セジーリャ｜という文字があります。coçar｜コサール｜「かゆいところをかく」

ch. lh. nh の複合文字もあり、シャ行、リャ行、ニャ行で発音します。chá｜シャー｜「茶」、folha｜フォーリャ｜「葉っぱ」、amanhã｜アマニャン｜「明日」

単母音

a e i o u のなかでも e と o は広い音と狭い音の二種類がありますので、ポルトガル語の母音は七つになります。a｜a｜ casa｜カーザ｜「家」、é｜ɛ｜ sétimo｜セチモ｜「第七番目」、ê｜e｜ português｜ポルトゲース｜「ポルトガル語」、i｜i｜ daqui｜ダキー｜「ここから」、ó｜ó｜avó｜アヴォー｜「おばあちゃん」、ô｜ô｜ avô｜アヴォ｜「おじいちゃん」、u｜u｜ bambu｜バンブー｜「竹」

二重母音

二重母音は一つの母音と同等とみなしますので一息で発音します。ai｜aj｜ pai｜パイ｜「お父さん」、éi, ei｜ɛi｜ hotéis｜オテイス｜「ホテル（複数形）」、ei｜ej｜ lei｜レイ｜「法律」、ói｜ɔj｜ lençóis｜レンソイス｜「シーツ」、oi｜oj｜ coisa｜コイザ｜「物」、ui｜uj｜ azuis｜アズイス｜「青色の（複数形）」、au｜aw｜ causa｜カウザ｜「理由」、éu, eu｜ɛu｜ céu｜セウ｜「空」、eu｜ew｜ meu｜メウ｜「私の」、iu｜iu｜ viu｜ヴィウ｜「見た」、ou｜ow｜ vou｜ヴォウ｜「行く」

鼻母音

鼻母音は、母音を鼻からも息を抜きながら発音する音で、単鼻母音と二重鼻母音があります。

まず、単鼻母音から紹介します。im, in｜ĩ｜ sim｜シン｜「はい」、em, en｜ẽ｜ tempo｜テンポ｜「時間」、m, an, ã｜ẽ｜ campo｜カンポ｜「草

原」、om, on ｛õ｝ bom ｛ボン｝「よい」、um, un ｛ū｝ mundo ｛ムンド｝「世界」

二重鼻母音は次のようになります。am, ão ｛ẽw̃｝ não ｛ナォン｝「いいえ」、em, en ｛ẽj̃｝ comem ｛コメン｝「（彼らは）食べる」、ãe ｛ẽj̃｝ mãe ｛マィン｝「お母さん」、õe ｛õj̃｝ põe ｛ポィン｝「置く」、ui ｛ūj̃｝ muito ｛ムイント｝「とても」

子音

ポルトガル語の子音は、ローマ字読みに似ています。

p ｛p｝ pa ｛パ｝ pe ｛ペ｝ pi ｛ピ｝ po ｛ポ｝ pu ｛プ｝
porto ｛ポルト｝「港」
b ｛b｝ ba ｛バ｝ be ｛ベ｝ bi ｛ビ｝ bo ｛ボ｝ bu ｛ブ｝
beber ｛ベベール｝「飲む」
t ｛t｝ ta ｛タ｝ te ｛テ｝ ti ｛チ｝ to ｛ト｝ tu ｛トゥ｝
noite ｛ノイチ｝「夜」
d ｛d｝ da ｛ダ｝ de ｛デ｝ di ｛ジ｝ do ｛ド｝ du ｛ドゥ｝
verde ｛ヴェルジ｝「緑の」

注：ブラジルでは、語末の te, de はアクセントがなければ｛チ｝｛ジ｝となりますが、ポルトガルでは、そのまま｛テ｝、「デ」となります。上記の単語の例でいいますと、ポルトガルでは noite ｛ノイテ｝、verde ｛ヴェルデ｝です。ti, di についても、ブラジルでは tia ｛チア｝、dia ｛ジア｝ですが、ポルトガルでは tia ｛ティア｝、dia ｛ディア｝となります。

f ｛f｝ fa ｛ファ｝ fe ｛フェ｝ fi ｛フィ｝ fo ｛フォ｝ fu ｛フ｝
fazer ｛ファゼール｝「する」
v ｛v｝ va ｛ヴァ｝ ve ｛ヴェ｝ vi ｛ヴィ｝ vo ｛ヴォ｝ vu ｛ヴ｝
votar ｛ヴォタール｝「投票する」
m ｛m｝ ma ｛マ｝ me ｛メ｝ mi ｛ミ｝ mo ｛モ｝ mu ｛ム｝
mar ｛マール｝「海」

ポルトガル語の文字と発音

n ｜n｜ na ｜ナ｜ ne ｜ネ｜ ni ｜ニ｜ no ｜ノ｜ nu ｜ヌ｜
navio ｜ナヴィーオ｜「船」
q ｜ke｜ qua ｜クワ｜ qüe ｜クエ｜ qüi ｜クイ｜ quo ｜クオ｜
quando ｜クワンド｜「いつ」
c ｜k｜ ca ｜カ｜ (que) ｜ケ｜ (qui) ｜キ｜ co ｜コ｜ cu ｜ク｜
casar ｜カザール｜「結婚する」
ç ｜s｜ ça ｜サ｜ (ce) ｜セ｜ (ci) ｜シ｜ ço ｜ソ｜ çu ｜ス｜
começar ｜コメサール｜「始める」
gu ｜gw｜ gua ｜グア｜ güe ｜グエ｜ güi ｜グイ｜ guo ｜グオ｜
língua ｜リングア｜「言語」
g ｜g｜ ga ｜ガ｜ (gue) ｜ゲ｜ (gui) ｜ギ｜ go ｜ゴ｜ gu ｜グ｜
gabinete ｜ガビネッチ（テ）｜「執務室」
j ｜ʒ｜ ja ｜ジャ｜ je (ge) ｜ジェ｜ ji (gi) ｜ジ｜ jo ｜ジョ｜ ju ｜ジュ｜
jantar ｜ジャンタール｜「夕食する」
l ｜l｜ la ｜ラ｜ le ｜レ｜ li ｜リ｜ lo ｜ロ｜ lu ｜ル｜
leite ｜レイチ（テ）｜「ミルク」

　注：ブラジルでは音節末にきた l は ｜l｜「ウ」の音になります。
Brasil ｜ブラジウ｜「ブラジル」
r ｜r｜ ra ｜ラ｜ re ｜レ｜ ri ｜リ｜ ro ｜ロ｜ ru ｜ル｜

　注：ブラジルでは、語頭、rr および、n, s, l の後の r は日本語のハ行の強い音 ｜x｜ になります。relório ｜ヘロージオ｜「時計」、carro ｜カーホ｜「車」ポルトガルでは r と rr は、巻き舌になります。
relógio ｜レロージオ｜、carro ｜カーロ｜
s ｜s｜ sa ｜サ｜ se ｜セ｜ si ｜スィ｜ so ｜ソ｜ su ｜ス｜

　注：母音と母音の間の s や、有音子音の前の s は ｜z｜｜ズ｜の音になります。gostoso ｜ゴストーゾ｜「おいしい」
ss は ｜s｜｜ス｜の音です。sucesso ｜スセッソ｜「成功」
ポルトガル、特にリスボンでは語末の s は ｜ʃ｜「シュ」（英語の establish に似た音）になります。

z ¦z¦ za ¦ザ¦ ze ¦ゼ¦ zi ¦ズィ¦ zo ¦ゾ¦ zu ¦ズ¦
zangado ¦ザンガード¦「怒った」
　注：語末の z は ¦s¦ ¦ス¦ の音になります。
rapaz ¦ハ（ラ）パース¦「青年」
x ¦ʃ¦ xa ¦シャ¦ xe ¦シェ¦ xi ¦シ¦ xo ¦ショ¦ xu ¦シュ¦
　注：x は単語によって ¦s¦ ¦z¦ ¦ks¦ の音があります。
baixar ¦バイシャール¦「下げる」、experimentar ¦エスペリメンタール¦「経験する」、exame ¦エザーミ¦「試験」、fixar ¦フィクサール¦「固定する」
h ¦ ¦ ha ¦ア¦ he ¦エ¦ hi ¦イ¦ ho ¦オ¦ hu ¦ウ¦
　注：語頭の h は発音しません。
　hotel ¦オテウ（ル）¦「ホテル」

アクセント

1) a, e, o で終わる語は、最後から二番目の音節にアクセントがあります。
　futuro ¦フトゥーロ¦「未来」　praia ¦プライア¦「海岸」
2) それ以外で終わる語は、最後の音節にアクセントがあります。
　aqui ¦アキー¦「ここ」　falar ¦ファラール¦「話す」
3) 上記以外の場合は、アクセント記号がつきます。
　japonês ¦ジャポネース¦「日本語」　ótimo ¦オッティモ¦「最高の」

序　章

　2000年の夏、マカオがポルトガルから中国に返還されたあと、マカオ大学ポルトガル語教員コースに1カ月ほど留学したことがありました。

　サウナのような湿気のある熱波の中を散歩することさえ辛かったです。一歩でも外に出れば着ていたシャツはびしょ濡れの状態で、ポケットに持っていた名刺も湿気から折れ曲がってしまったほどでした。

　マカオにはポルトガル料理店もあり、ポルトガルの首都リスボンを思わせる建築様式の町並みが存在する地区があるものの、思いのほかにポルトガル語を話す人がいなかったので、生活が面白くなくて閉口したものでした。ポルトガル語は、教室の中だけしか使えなかったのです。ポルトガルの首都リスボンではことばの面で不自由なく暮らしていた筆者にとって、広東語が理解できず、歯がゆくもことばが通じないという不自由さを味わうことを余儀なくされたマカオでの生活は大変でした。もちろんマカオは中国でありますから、中国語が話されていて当然ではあるでしょう。筆者が中国語を学ぶべきなのでしょうが、ポルトガル語に愛情を持っている者としては、町中でポルトガル語の響きを聴けなかったことはやはり寂しく感じてしまいました。

　しかし、アジアのマカオにポルトガルの町の面影があるのも、厳

然としたポルトガルの植民地政策の名残であることを思い、かつてのポルトガルの海外進出の圧倒的な迫力を実感できました。同時に、マカオの人びとの塞ぎこんだような面持ちを垣間見たときに、その政策について疑問さえも抱いたのでした。その後、英語の通じる恐ろしく繁栄した香港に行くと、ポルトガルとイギリスという宗主国の違いに関して言い表せない複雑な印象を得るに至ったのでした。

　それにしても、本来、ヨーロッパのことばであったポルトガル語が世界各地で使われた・使われているという事実は、やはり注目しておきたい点です。アジアにおいてもこのことばは響いているのです。現在では東ティモールの公用語でもあります。

　皆さんご存じの15世紀以降の「大航海時代」の名残として、ポルトガル語は世界各地に広まったといえます。それは直接統治した植民地にのみに止まることなく、日本の言語文化でも、ポルトガルに関係した文化は数こそ少ないもののしっかり定着しています。諸説があるのですが、ポルトガル語からきたとされるてんぷら、カステラなど、日本の身近なところにポルトガルの足跡を体感できます。

　ポルトガル語と言えば、現在では、日本で働くブラジル人のことばとしても知られています。その他、アフリカのアンゴラ共和国、モザンビーク共和国、カーボ・ヴェルデ共和国、ギニア・ビサウ共和国、サン・トメー・イ・プリンシペ共和国、東ティモールなどの公用語であるのですから、そのことを考えただけでも、ポルトガル人の海外進出と植民地政策というものが、どれだけ徹底したものであったのかを想像することは容易であると言わざるを得ないでしょう。南米のブラジルから、ほとんど話者が消えかかっているマカオやインドのゴア、セイロンまでを考えると、ルゾフォニア（ポルトガル語圏）の広大さには改めて驚かされます。

第1章
ポルトガル語の色彩

　ポルトガル語はラテン語を祖語として、スペイン語、イタリア語、フランス語、ルーマニア語といっしょにロマンス諸語に属しますので、互いに多くの共通点が見られます。また、ポルトガル語のみに限定しても、その言語圏は世界各地に広がり、ヨーロッパの最西端に位置するポルトガルのほか、大西洋の自治領のアソーレス諸島、マデイラ諸島、そのほか独立したカーボ・ヴェルデ諸島、ギニア・ビサウ、サン・トメー・イ・プリンシペ、アンゴラ、モザンビーク、東ティモール、そしてブラジルを含めて約2億2千万人の人びとが話しています。アフリカ海岸のポルトガル語のほかセイロン、マレーシア、マカオでもポルトガル語は生き残っています。

　スペインのガリシア地方およびポルトガルのミーニョ地方で生まれたポルトガル語は、15世紀に端を発したポルトガルの大航海時代から植民地を世界に築き上げてきた結果、世界各地で現在も話される言語として生き続けています。16世紀に日本にやって来たポルトガルのキリシタン宣教師や商人らは、日本にコンペイトウ、カッパ、コップなどのポルトガル語を残しました。現在では約30万の日系ブラジル人が日本に住んでいますので、日本国内においてもけっして無視できない大切な言語です。これは日本だけの事情ではなく、世界中の国々にポルトガル移民、ブラジル移民、そしてその共同体

が存在しています。それを考えれば、ポルトガル語は世界的に見ても重要性の高いことばといえます。

　音声や語彙、形態などいくつかの点で、ポルトガルのポルトガル語とブラジルのポルトガル語は違うので、その違いを重視する人の中には、ブラジルのポルトガル語をもはやポルトガル語ではなくブラジル語と呼ぶ人もいますが、研究者や学者の間では圧倒的にPortuguês「ポルトガル語」と呼んでいます。したがって、参考書や学習書の中には「ブラジル・ポルトガル語」と表記されたタイトルの本がありますが、これはブラジル向けのポルトガル語入門書ということです。しかし、ブラジルのポルトガル語とポルトガルのポルトガル語の差異は些細なので、本書でブラジルのポルトガル語を学んでから、アフリカやヨーロッパのポルトガル語圏に行って通じないということではありません。その差はあくまでも、dialeto「方言」とみなすことができるのではないでしょうか。ポルトガル本国でも、ドウロ川とミーニョ川の間の地区、トラーズ・オス・モンテス地区、ベイラ・アルタとベイラ・バイシャ地区、ポルトガル南部で方言が話されています。

　ポルトガルでは首都リスボンのポルトガル語が標準かと言えば、そうでもなくて、もう少し北部のコインブラ地方のポルトガル語が標準ポルトガル語とされています。この視点から言えば、ポルトガル語の方言が話されていることになるブラジルではサン・パウロとか、リオ・デ・ジャネイロの発音が最も正しくて重要視されなければならないのかと言えば、これもまたそうでもありません。これだけ世界各地大勢の人たちによってポルトガル語が話されて、人種、声帯、呼吸法も違う人たちによって話されていることばを、ある特定の地区だけにこだわることが、果たして正当で学習に有効であるのかとの疑問さえも浮上することになります。

　ブラジルでは、アマゾン、北東部、バイーア、フルミネンセ（リ

オ)、ミナス、南部の方言に分けられます。広大なブラジルで南部（特にリオ・グランデ・ド・スル州とサンタ・カタリーナ州）のポルトガル語はブラジルの他の地域とは随分と差があり、2人称に相当する主語 tu「お前」を você「君」のかわりに使います。ポルトガル系、イタリア系、ドイツ系、アフリカ系他のさまざまな民族が混在する世界では、もはや「標準」、「正当」ということばに過剰にとらわれる必要はないのではないでしょうか。もし、そうであれば、もっと「自由に」誰もがポルトガル語を話せるようになると筆者は考えるものです。世界各地の人びとが、皆同じようにポルトガル語が話せるはずがないのです。あまりにも「形式」や「規範」にとらわれると、言語であれ、生活であれ、勉強であれ、不自由さが際立ってきてしまいます。それでは、日本人の話すポルトガル語は音声的に正統でないのかとさえ思われてしまいます。人間はしっかり学習したあとでは「解放されて」話さなければなりません。ましてや、外国人が規則にとらわれて考え込んでしまうと、話せなくなってしまいますね。

　ブラジルとポルトガルでは、同じポルトガル語でも若干、単語が違ったり、目的語の位置が違ったりします。その違いがあるからといって、そのことを話すと、違いにだけ注目してしまい、難しいとか、ややこしいと思い込んでしまう人もあるかもしれませんが、そんなことはありません。

　ブラジルでバスのことを ônibus と言いますが、ポルトガルでは autocarro と言います。ブラジルで電車のことを trem と言いますが、ポルトガルでは comboio と言います。路面電車は、ブラジルで bonde と言い、ポルトガルでは eléctrico といいます。これらの単語の差は、勉強して、触れておくだけで、現地で言えるはずです。必要以上にややこしいと考えるのは取り越し苦労でしょう。

　しかも、ブラジルのテレビドラマがポルトガルでも放送されてい

るくらいですから、ブラジルのことばの言い回しや、単語もポルトガル人は十分知っていますので、通じます。しかし、ポルトガルでは、ポルトガルで使われている autocarro を使ったほうが良いし、ブラジルでは ônibus と言ったほうが良いでしょう。わかってわからないふりをした人に遭遇すれば、「通じませんでした」ということになってしまうわけですが、そんな意地の悪い人はこっちからお断りですよね。だから、現地において、互いの方言が通じないといって、分ける必要はないのかもしれませんね。私たちはポルトガル語以外でも、イギリスとアメリカにおける英語の違いや、フランスやカナダ・ケベック州におけるフランス語の違いなどを知っています。確かに違いはありますが、それを過大視し用心し過ぎる必要はないのです。

　目的語は、ブラジルの口語では、ほとんど動詞の前に置きますが、ポルトガルでは、ほとんどがハイフンをともなって動詞のあとにきます。これも、間違いではなくて、その国の特有の現象であるので、目的語の位置を間違えたからといって、通じないことではありません。本書のように、傾向や規則のブラジルとポルトガルの違いを明確にした場合、まじめな日本人は、どうしても、そのように口に出さなければならない、と思ってしまうところに問題があるのでしょう。ですから、気にしないで話すことがもっとも重要です。ブラジルでは、目的語を動詞の前において Me dá isso.「私にそれをくれ」いうのが一般的ですが、ポルトガルでは Dá-me isso. となるのが一般的です。このような表現の違いをひとつひとつ知っていくと、ポルトガル語そのものの大きな色彩の中にふたつの表現がヨーロッパと南米にあることがむしろ楽しくなります。どうか気楽にやっていきましょう。

　ポルトガル語は音声においてもヨーロッパと南米ではやはり違いがあり、別のことばかとも思われるかもしれませんが、やはり「慣れ」が解決すると思います。比較してブラジルとポルトガルの発音を学

んでいくには、学習者の好みの問題もありますが、これが混合してしまって記憶に定着してしまっては、あとから直すのは至難の業です。途中で混乱してきて、ひと通りのレッスンが終わると、混ぜこちゃの発音になっている可能性があります。アメリカ英語とオーストラリア英語のような違いと考えればよいでしょうか。両者の間にはやはり差異がありますので慣れるまでは大変で、初学者が同時にやる場合は混乱をしますので、筆者の考えとしては、やはり、ポルトガルかブラジルかのどちらかを集中的にやってみることをおすすめします。日本ではブラジル向けの教材が多いので、まず、ブラジルのポルトガル語を数年やってみるのもいいし、実際にポルトガルに旅行に行ったり赴任するのであれば、ポルトガル向きの教材でやり直してみる、またその逆でも良いと思います。とにかくまずはどちらか一方に集中するほうが学習は安定します。単語が違うくらいなら、数個の単語を前述のように別々に学習をしても良いでしょうが、発音に関しては、同時進行の学習は困難だと思います。

　筆者は大学生のときブラジル・ポルトガル語学科で、18歳のときからブラジルのポルトガル語漬けの日々が始まったのです。基礎演習、講読、文法、会話、その後、2年、3年になれば、時事ポルトガル語、文化、歴史、文学、特殊研究、政治経済論、それにプロゼミ、ゼミなど多彩な講座でした。そのなかで、ポルトガル人の教員もブラジル人の教員もいましたが、日本人の教員は全員ブラジルのリオ留学経験者でした（いまも、皆さんご活躍です）。その中で、学生は皆ブラジルの発音でやっていたと記憶します。そして、ゼミではポルトガル人の指導教授についた筆者は、大学院もその先生につき、結局リスボンに行ったわけです。その後、在日ポルトガル大使館文化部で通訳をしていたわけですから、当然、リスボンの発音が普通になります。つまり筆者はブラジルとポルトガルの両方のポルトガル語に触れる機会を持った訳です。実際に、通訳を退職後、ブラジル・ポルトガル語を教えることになると、自然と、学生のと

きに学んでいたブラジルのポルトガル語が出てくるのです。これは、不思議なことで、長らくヨーロッパ世界に暮らしていたため、すっかり遠ざかっていたブラジル・ポルトガル語も、改めて真剣にやり始めれば、もう一度、よみがえるものです。しっかり学んだものは、実は簡単には忘れないものです。いまでは、ポルトガル大使館文化部で知り合った知人のポルトガル人と話すときもブラジル発音が主流になってしまっていますが、そのまま話しても十分通じます。もちろん、話に熱中していると、リスボンの発音が出てくるときがありますが。

　それについて具体例をいいますと、ブラジルでは、dとtのあとの語末にeとiがくると、たとえばverde, parti、となると、それぞれ発音は、「ヴェルジ」、「パルチ」となります。ところが、そのあたりは、何も問題ないのですが、一度、上智大学で行われた学会で発表したときに、恩師のポルトガル人が質問してこられ、議論に熱くなって、つい語尾のeをポルトガル式に発音したことがありました。自分ですぐに気がつくことができました。それは、geograficamenteという「地理的に」、という副詞です。これは、ブラジルでは「ジェオグラフィカメンチ」と「チ」となります。しかし、ポルトガルでは、「ジェオグラフィカメンテ」と完璧な日本語の「テ」ではないですが、「トゥ」にちかい「テ」でほとんど聞こえませんが、力を込めると、「テ」と日本人は発音してしまう傾向があります。このときはポルトガル人相手にポルトガル式の発音でポルトガル語を話したわけですから、当然、問題はありません。しかし、それまで研究発表をブラジル・ポルトガル語で話していた筆者自身としては、ポルトガル語による一つの発表をブラジル式とポルトガル式の二つの発音で話していたということになります。しかし、通じるか通じないかの問題になれば、どちらで発音してもちゃんと通じます。このように、筆者は自分の発音を自分で話しながら矯正することもあります。この経験から言えることなのですが、ポルトガルとブラ

ジルの発音の違いについてはあまり過剰な心配はいらないと思います。文法的には正しく話していれば、どちらの発音でも大丈夫です。しかし、これから学習を本格的にすすめ、会話にも慣れていきたいという学習段階にいる方は、まずどちらか一方に集中して学ぶことをおすすめします。繰り返しになりますが、学習段階で両方が混在してゴチャゴチャになってしまうと矯正は大変です。筆者は日頃はブラジル・ポルトガル語の授業ではゆっくり話していますので、ブラジルの発音と規則でやっています。もし、ポルトガルのリスボンの発音で授業をするように言われれば、いまとなれば最初はついブラジル式になってしまうかもしれません。例えば、前置詞の de を「ジ」と言ってしまうとか、ついブラジル発音が出てしまうかもしれません。でも、使い分けることは不可能ではないです。どちらかを学習したあとは、移行は容易だと思います。筆者のようなブラジルとポルトガルの発音の両方に直面した経験をもっている人は少ないかもしれませんが、そのぶんポルトガル語の多様性の彩りの美しさを実感してきました。

　ポルトガル語を学ぶ方には、この彩りを負担に思わず、むしろ楽しみに思っていただくことを願っています。ここで小さな例をあげたいと思います。ブラジルでは二人称にあたる「君」を você といいますが、ポルトガルでは tu を使います。文法的にも違いがあり、você は動詞の変化は三人称単数なのですが、ポルトガルでは二人称の動詞の変化があります。しかし、二人称の動詞の変化を使わなくても、tu のあとに三人称をつないで話せば通じます。なれてきてから二人称を使えばよいのですから、最初からなんでもかんでも完璧にいくことを望むと、すべてがうまく話せません。このような少しずつ違う表現や文法に時間をかけてゆっくりなじんでいくことをまず目標としてみてください。

　ポルトガルとブラジルではこのように確かに差異はありますが、しかしこのポルトガル語の違いは、あくまでも方言とみるべきで、

少し違うからといって、どちらかが間違いだというのは早計にすぎるでしょう。例えば、ここにポルトガル語を研究している言語学者の本があります。市之瀬敦著『海の見える言葉　ポルトガル語の世界』（現代書館）という本で、この本では世界各地のポルトガル語文化について紹介しており、中にはポルトガルともブラジルとも違うアフリカや大西洋の島々で話されているポルトガル語が紹介されています。確かにちょっと違うポルトガル語が話されており、それでもなんとなく言いたいことはわかるのです。ですから、われわれ日本人の間でポルトガル語を学んだ人で、片言でも話せるならば、もうそれでポルトガル語話者ということになると思います。そう考えれば世界中の多くの人がポルトガル語話者ということになります。もう、日本で形式にとらわれる時代は終わったのではないかと思います。

*

　ポルトガル語を勉強するための留学、またせっかくポルトガル語を少し勉強したのだから、2週間程度でも旅行に行きたいのであれば、安全という面を重視すれば、ヨーロッパのポルトガルへ行くのがよいでしょう。観光旅行としても十分楽しめますが、ことばに興味をもっていればさらに深く文化的な体験も期待できるでしょう。20世紀初頭のポルトガルの作家ラウル・ブランダンは、大西洋のアソーレス諸島に旅して、その原始的風景に驚きを隠せず、『知られざる島々』を上梓しました。筆者がその作家のことを知ったのは、その作品を通じてでしたが、ラウル・ブランダンは、ポルトガル本国においても各地方の風景についての記述を残しており、アンソロジー『ポルトガル、その大地と人』に収められています。

　また、ノーベル賞作家ジョゼー・サラマーゴは『ポルトガルへの旅』にて、旅人として、ポルトガル北部から南部へ向かって旅をして、ポルトガルの文化と人を描いています。皆さんもご自身でこう

いった作品を読まれることを学習目標にしても面白いかもしれません。また、旅先では自分が作家になったつもりで現地を見つめるのも興味深いと思います。

　従来、ポルトガルへの入国の仕方は、日本からだと、他の国を経由してからリスボン空港に降りるのが通常でしたが、おすすめは北部の街ポルトに入国して、それから北部を回り、中部に下りてきて、首都リスボン、そして南部のアルガルヴェ地方に行くルートが、ポルトガル全体を見ることができるいいコースだと思います。もちろん、その過程で、ポルトガル国内のさまざまな方言や表現に出会うことになるでしょう。北部は山岳地帯、南部は平原、西側は海岸線という具合に地理的状況が体感できるでしょう。夏以外は北部の天候は不安定で、南部の天候は北部にくらべて安定していることも体感できるでしょう。

　現地を旅行するときには観光に加え、食事も大きな楽しみになります。ポルトガルは地方によって特色ある食べ物がありますが、ポルトガル全体で食べることができるのが、黄色い鶏卵そうめんに似たような甘いお菓子です。アヴェイロ地方のものが有名ですが、それをオーヴォス・モーレス（ovos moles）といいます。オーヴォス・モーレスには、アヴェイロ地方の運河に浮かぶボートや貝殻の形をしたものがあります。このボートは現在も実際に航行しており、そのボートで運河を観光することもできます。白い砂浜や、色彩が鮮やかな海の家なども美しい風景を形づくり、観光客などで夏はにぎわっているようです。アヴェイロ大学は日本の大学と提携をしているようです。

　ポルトガル北部は、ヴィーニョ・ヴェルデ（vinho verde）という発泡性ワインの産地です。ヴィーニョ・ヴェルデのブドウの木は、ヨーロッパの一般的なワインの木とも日本のワインの木とも違いなかなか逞しく、極端な表現をすれば、電柱や棚に蔓を巻いて伸びています。また、いわし（sardinha）の缶詰の生産で有名なところも

あります。日本にも輸出販売されています。

　ポルトガル北部の街ポルトの人をトゥリペイロ（tripeiro）といいます。それはどういう意味かと言いますと、「臓物を食べる人」という意味です。大航海時代にポルトからも大船団が出発していったのですが、船団に積み込む食料として牛肉のよいところを積み込んだせいで、ポルトの街には内臓しか残らなかったので、ポルトの人びとは内臓しか食べることができなかったそうです。そのような歴史的経緯から、ポルトの人びとはいまもトゥリペイロというあだ名がついています。もちろん、食べない人もそう呼ばれます。このトゥリペイロというのは実に頻繁に使われることばなので、ポルトの人を相手に使ってもまったく問題ありません。筆者は、よく、リスボンでもポルト風モツの煮込みを食べました。やはり、最初はビール（cerveja）を注文していましたが、cervejaと頼むと瓶ビールが出ますので、生ビールが欲しいときはcanecaと注文します。頼んで、モツを出された白いご飯と混ぜて食べたものでした。その後赤ワイン（vinho tinto）を頼むようになりました。ちなみに白ワインはvinho brancoと言います。なんとも、ポルトガル料理は、実によくビールやワインにあうといまでも感心しています。ただ、ポルトガルの料理は塩分が多すぎるようです。

　ところで、ポルトはPortoという綴りですが、この街には定冠詞Oがつきます。町の表示などでも定冠詞がついていますので見落とさないようにして下さい。たとえばイギリスの空港では、搭乗案内の掲示板にはOportoと出ています。この例でもわかるとおり、oという定冠詞がつくということはポルトガル語でのことなので、ポルトガル国内で注意すればいいということではないのです。EU内ではよく見る表示ですから気をつけて下さい。しかし日本語にするときは、オはつけません。「オ・ポルト」と言ってはポルトのことだと気づく人は少ないでしょう。同様のことが、ブラジルのリオ・デ・ジャネイロにも言えます。O Rio de Janeiroです。でも、日本語

にするときは「オ」はつけないのは同様です。

ポルトにはサン・サンフランシスコ教会があって、その内部は金で塗られており、床下はすべてお墓になっています。

ポルト以北の人のポルトガル語は、やはり違います。どちらかというと日本人が話すポルトガル語の発音に近いのではないかとの印象を受けます。どういうことかというと、しっかりと母音を発声するということです。そのため一般的には日本人には聞きとりやすいという傾向があるようです。これに対して、リスボンのポルトガル語は、母音がそのままローマ字のように聞こえないのです。リスボン方言としてeをaと発音する場合があります。Eu tenho.「私は持っている」をあえてカナ表記にしますと、エウ・テーニョではなくて、エウ・ターニュといいます。筆者は最初はよくわからなかったものです。靴下 meias は、メイアスと覚えていたのですが、リスボンの人がマイアシュと発音するのを聞いて、さっぱりわからず、19世紀の写実主義作家のエッサ・デ・ケイロースの作品『マイア家の人々 Os Maias』のことをいっているのかと思って、何を言っているのかまったく理解できませんでした。そのときは、実際に靴下を見せてもらって、わかりましたが、発音によっては、靴下を文学作品と聞き間違えてしまった私の体験から、ポルトガル語の方言の難しさを改めて痛感しました。日本の約4分の1の大きさのポルトガルでも、このように豊かな方言があるのです。彼らネイティブは話し相手の方言で、出身地または、両親の出身地までもわかるようです。同じポルトガル国内でも、ブラジル、アフリカ、大西洋の島々、アジアのマカオの人の発音などになりますと、それぞれの発音がだいぶ違ってきます。私たち日本人も長く学習をしていれば、この方言の区別はできますけれども、初学者にとっては大変なことになります。

実は、筆者が大学生のときに、リスボン大学出身のポルトガル人の先生の授業を受けていたのですが、その先生の発音がわかりにくかったのです。「読みなさい」は、ポルトガル語で接続法現在の活

用で Leia ですが、レイアとなるところが、その先生の発音はライアでした。その先生の奥さんも教えていましたが、リスボン大学文学部出身といってもポルトガル南部アルガルヴェ地方出身だったので、少し、母音が間延びした感じだったと思います。

　この授業のときに、ライア・ファッシャヴォールと言われたときは、困りました。何を言われたか一瞬、わかりませんでした。これは、「(テキスト)を読んでください」という意味で Leia, faz favor. です。「お願いします」という表現はポルトガルでは por favor も使いますが、リスボンを中心にして faz favor という表現が多いです。しかもリスボンでは faz をファスといわずに、ファシュと発音する人も多く、後続の f とつながったあたりから、それまでの常識では理解できない音声に変わり、耳につきさすような鋭音に変わるときがあります。L と R の発音がなかなか区別することが困難な日本人の筆者は、学生のときに聞いた、ライア・ファッシャヴォールという言葉と音声はいまでもわすれません。ちなみに、さらに困ったことに raia ライヤというれっきとした単語がちゃんとありまして、これは、魚のエイのことです。「エイをお願いします」。これでは、教室のことばではないですね。

　ポルトは、地盤がかたくて地下鉄は掘れないとのことでしたが、最近は地下鉄ができたようです。大学書林から共著で出した『イベリア文化の輝き スペイン語とポルトガル語』のポルトの箇所を執筆した筆者は、ポルトには地下鉄がないとポルトガル語で書いていますが、時代の変化とは恐ろしいものです。ポルトの街は観光するにも興味深い街で、建国当初からの古い建物がある入り組んだ地区は世界遺産に登録されています。そして、ポルトと言えばやはりポートワインが有名です。Vinho do Porto といいますが、ドウロ川 Douro が大西洋に注ぎ込む河口の手前に、ワインセラーがありますので、セラーを見学すればその後に無料でポートワインを試飲できます。

さて、ほろよい気分になったところで、南部へいきましょう。少し下るとサン・ペドロ・ド・スル São Pedro do Sul、ルーゾ Luso、ブサコ Buçaco、コインブラ Coimbra、アルコバッサ Alcobaça、ナザレ Nazaré、バターリャ Batalha、ファッティマ Fátima、オビドス Óbidos と行きましょう。

　サン・ペドロ・ド・スル São Pedro do Sul は、ヴィゼウからもっと内陸部、すなわち東に行った、山間の町です。何が有名かというとここは、温泉 termas が有名です。ポルトガルの温泉はいろんな意味で日本の温泉とはだいぶ違います。まずその認知度が違います。日本では「温泉」ということばを知らない人はいないと言っていいでしょう。好きか嫌いかは別として、温泉そのものについて知らないという日本人はちょっと想像できません。しかし、ポルトガルの場合、事情はまったく異なります。まず温泉 termas ということばを知らないという人が存在します。筆者が学生のときには、温泉をポルトガル語でどういうのか、ポルトガル人の先生でも悩んでいました。結局、その先生はサン・ペドロ・ド・スルのような温泉の出るところにいったことがなかったのでしょう。もちろん、その先生は一般的に言って教養人といえる人なのですが、ポルトガルでの温泉の認知度を物語る象徴的なエピソードでした。次に、ポルトガルでは温泉の利用方法も異なります。ポルトガルに温泉があるからといって、日本のように入れるものではありません。ポルトガルの温泉は、リュウマチや呼吸器官などを患った人が利用するところです。関節痛の人は、水着を着て、温泉につかります。また、呼吸器疾患の人は、温泉の蒸気を吸い込みます。筆者は実際に見てきましたが、温泉といっても日本人観光客が喜んで入れるものではないです。もう少し、南にいくことになりますが、カルダス・ダ・ライーニャ Caldas da Rainha という地区にも、温泉と皮膚科専門の病院があります。ポルトガルの王女が馬車に乗ってその地区を通っていたところ、村人が水浴びをしている光景を目のあたりにしたそうで

す。そこで、王女は、どうしてここの村人は水浴びをしているのかと随員に尋ねると、そこに湧き出る水は皮膚病に効くと答えたので、王女はカルダス・ダ・ライーニャに温泉病院を設立したとのことでした。やはり、筆者が訪れるとリュウマチと呼吸器疾患の人向けでした。カルダス・ダ・ライーニャは、「王妃の泉」という意味です。それが地名になっているのです。

　さて、ルーゾ Luso にいきますと、そこは、ポルトガルで流通しているミネラルウオーター água mineral の水源地 fonte です。前述の温泉病院とともに、ポルトガルの大地の恵みを実感できますが、日本人観光客が温泉として入れるようなところではありません。

　その次は、ブサコ Buçaco の森林公園がスポットです。ブサコには、王室最後の国王の離宮が国営ホテル pousada となっています。筆者は何回も泊まりましたが、ホテルの限定ワインがとても美味でした。またここは、子豚の丸焼きの料理で有名です。バイラーダ Bairrada という地区です。ワインとも相性のよい味です。ところで、生ビールもコップの大きさによって、呼び方が違います。日本の瓶ビールを飲むようなコップの生ビールをインペリアル imperial といいます。中ジョッキ程度ならカネッカ caneca です。ところが、ブラジルではこのポルトガル語は通用せずに、ショッピ chope といいます。カスカイスのドイツビール店に行ったことがありますが、そこではジラッファ girafa「キリン」という、キリンの首のように長いグラスのビールが出てきたのでびっくりしました。

　コインブラ Coimbra は、13世紀にディニース国王の建議で建設されたコインブラ大学で有名です。そこの古い図書館 biblioteca には、コウモリが住み着いていて、ねずみの駆除をしてくれるそうです。学生は黒マント manto を卒業式などのセレモニーに身に着けます。ボローニャ、サラマンカとともにヨーロッパで最古の大学と言われています。建設当初は、聖職者が教鞭をとっていました。コインブラ大学は丘の上に聳え立っていて、その周りが住宅地ですが、

そこのレプブリカ地区 República に主に学生が住んでいます。その傾斜面を上ることが勉学の励みになるということなので、学問はまさに山登りのようなもので、あきらめないことが重要なのですね。

　コインブラにはサンタ・クララ修道院があります。ここでこの修道院にまつわる伝説をご紹介します。14世紀のこと、アフォンソ4世の息子のペドロ王子はスペイン（カスティーリャ）からコンスタンサという女性を妻として迎え入れました。コンスタンサの御付女官のイネス・デ・カストロは、金髪で目は青緑色の絶世の美女でした。彼女を見初めたペドロ王子がほうっておかずに、コンスタンサとの間にフェルナンドなどの子供がすでにいるにもかかわらず、イネスと恋におちて子供をもうけました。イネスはスペイン出身であり、ポルトガルの政策を良く思わない兄弟がスペイン宮廷にいました。そこでアフォンソ4世の腹心らが、イネスをコインブラのサンタ・クララ修道院で殺害したということです。殺されたイネスの血が、今でも涙の館キンタ・ダス・ラグリマスの池の石を赤く染めているという言い伝えがあります。これに怒ったペドロは、殺害した腹心を捕らえて、心臓を引き抜かせ、イネスの遺骨を椅子に座らせて、家来に手に接吻をさせて王妃として認めさせたという伝説があります。その棺は、12世紀に建設されたシトー派のアルコバッサの修道院 Mosteiro de Alcobaça の祭壇の前に安置されていて、昇天したときにはイネスとペドロが向き合えるように対峙して設置されています。この伝説についてはいろいろな言い伝えがありますが、もっとも正確なのは、フェルナン・ロペス Fernão Lopes の年代記の中に収められた、ペドロについての記事です。筆者は実際に読みましたが、数ページでさわりしか述べられていませんので、伝説となっているものはかなり肉付けがされていると思います。

　筆者はアルコバッサの修道院の台所に入ったことがありますが、多くの人の料理をつくるために、特大のグリルと煙突がありました。また、アルコーア Alcoa とバッサ Baça という川が交差している地

点をアルコバッサ Alcobaça といって、その川の流れの一部が修道院に入っていて、魚を手で捕まえて、そのまま料理ができたそうです。

　アルコバッサからさらに西に行くと、漁村ナザレ Nazaré に着きます。ナザレという地名は、巡礼者がイスラエルのナザレから10世紀以前に聖母マリーア像を持ち返って、聖堂におさめたとの言い伝えからこの名前がついたということです。ナザレは黒い服を着た老女が見られます。海で夫をなくした女性が一生喪に服すということをあらわした慣わしだそうです。また、7枚のミニスカート sete saias を重ねてはいた婦人がいます。決して若い女性でないです！時計のない時代の昔からの伝統ですが、夫が海に漁に出て行くと、1週間は戻ってこなかったので、1日に1枚脱いで、日にちを数えていたということです。ナザレの海岸を散歩していると、鯵 carapau の開きが干してあります。グリルで食べます。また、ナザレは鰯 sardinha の塩焼きで有名です。日本人は割り箸と小型の醬油ケースをもって、旅行するのがよいでしょう。ナザレは、海岸地区プライア praia、丘のペデルネイラ pederneira、岸壁の上のシティオ sítio の地区に分かれています。シティオ地区までは、バスでもいけますが、ケーブルカー funicular でも登れます。そして、上からは、ナザレの海岸を一望することができます。夏は、海水浴客のパラソルが見られます。

　アルフェイザラン alfeizarão というナザレを出て近くの町には、カステラで有名な店があります。この土地もリスボンの人の発音は、アルファイザランとなります。カステラは、日本でも馴染み深いものですが、ポルトガルのカステラは日本のように角ばっていません。丸くて、中には甘い卵のクリームが入っています。カステラはポルトガル語ではパン・デ・ロー pão de ló といい、ちっともカステラという日本語に似ていません。かたちだけでなくことばも日本のカステラとはだいぶ違います。それでは、このカステラの語源はなんでしょうか？　諸説によれば、pão de ló の ló が日本語の「炉」と

音声が近いので、混同して炉でやいたパンだからというものがあります。しかし、ló を大きな辞書で引くと炉の意味はありません。日本にもってきた箱に城 castelo（カステーロ）の絵があったとか、あります。カステーロがカステーラになったとかいろいろあります。が、筆者が最有力と思う説は、日本人がこれはどこのお菓子かと聞いたところ、それをもってきたポルトガル人はカステーラ Castela 地方のものであると答えてお菓子の名前になったというものです。カステーラはもちろんポルトガルの隣国スペイン中部の王国の名前です。ポルトガル語ではカステーラ Castela といいますが、スペイン語ではカスティーリャ Castilla となります。いずれにしても、日本でとても有名なこの洋菓子の語源については、いまだ諸説ありますね。

　てんぷらもそうです。味付けすることをポルトガル語でテンペラール temperar といいます。塩や胡椒で味を調えることです。油であげて見た目も風味も変えてしまい、またテンペラトゥーラ temperatura「温度」によるものであることから、筆者は「味付けする」という動詞 temperar や名詞 tempero からきているのではないかと思います。そのほかカトリックの四旬節の têmporas からきているという説もあります。コンペイトウはコンフェイト confeito という砂糖菓子ですし、また食べ物とは違いますが、ビー玉はガラスのヴィドロ vidro からきています。服についているボタンも botão というポルトガル語源なのは学習者の人はよく知っていると思います。実に、ポルトガルが日本に及ぼした文化と言語の影響は大きいと言えます。

　バターリャ Batalha は、ナザレ、アルコバッサから東へ車で 30 分行ったところで、大きな修道院がそびえていることで有名です。バターリャは、もともと戦という意味です。14 世紀のこと、王位継承問題にからんでスペインがポルトガルに侵入してきたときに、ポルトガルはイギリス軍の援助を得て、陸軍総司令官ヌーノ・アルヴァ

レス・ペレイラの指揮のもとにスペイン軍を敗退させました。その勝利を神に感謝するために、バターリャの修道院を建設したとのことです。それを機にジョアン 1 世国王はイギリスのフィリッパ王女と結婚しました。バターリャの修道院には、未完の礼拝堂があります。建築に携わる人びとは、後に大航海時代になるとリスボンのジェロニモス修道院建設に専ら従事したので、バターリャの修道院の礼拝堂の建築を完成することができなかったのです。また、その修道院の一室は、とても天井が高くて、そこをつくった建築責任者は建設中に天井が何回も落ちてきた経緯から完成後も三日三晩心配でそこに居たそうです。そんな真面目で心配性の建築責任者を記念してその天井を支えている、彼の姿を模した小さな彫刻が部屋を入って右の奥の上に小さくあります。もしこの修道院に行く機会があったら、その彫刻を是非、捜してみて下さい。その部屋は、いまもポルトガル独立を記念する大切な場所で、陸軍兵士の 2 人が警備しています。勝利の聖母マリーア修道院とよばれているゆえんです。

　ファッティマ Fátima は、バターリャからさらに東に 1 時間ほど行ったところにある、カトリックの聖地です。ルルドー（フランス）、サンティアゴ・デ・コンポステーラ（スペイン）と並んでヨーロッパの三大聖地となっています。第一次世界大戦の最中、3 人の幼い羊飼いが聖母マリーアを見たということで、そのあたりに大きな聖地をつくったということです。カトリックに興味を持っている人は行く甲斐があるでしょう。3 人のうち、2 人の子供は夭折しましたが、その羊飼いのひとりルシアは長生きしてコインブラの修道院に隠遁生活をしていましたが、寿命で神に召されました。聖母マリーアは、3 人の羊飼いにあるメッセージを授けたらしいのですが、その内容は公表されていません。

　南に向かって一路リスボンに向かいますが、途中で絶対にオビドス Óbidos に立ち寄りましょう。リスボンを拠点とすれば、日帰りでナザレとオビドスにいけますが、ナザレに一泊というのも良いで

しょう。オビドスは、歴代の王妃の土地で、城壁に囲まれた街です。城門から入ると、奥に城が見えますが、現在では国営ホテルになっています。オビドスの城壁の中の家の外壁の窓際などは、魔除けのため黄色や青色で塗られています。また、そこの教会内部には見事なアズレージョが貼ってあります。アズレージョとは、ポルトガルを代表する世界的にも有名なタイル芸術のことです。鮮やかな青色が精微でさまざまな絵が焼き付けられ、あたかも壁画のような芸術作品であり、アズレージョにはポルトガルに行ったときには是非、注目していただきたいと思います。またここは、ジンジーニャ ginjinha というチェリー酒も有名です。

　オビドスからさらに南下すれば、サンタ・クルース Santa Cruz があります。「聖なる十字架」という意味の村です。日本人作家の壇一雄が住んでいたところで、綺麗な砂浜があります。壇一雄が住んでいた家のある通りは、「壇一雄先生通り Rua Professor Kazuo Dan」という名前がつけられました。壇一雄は、ポルトガルの bairrada 地区の方で産出されるダン Dão ワインが、自分の名前に似ていることから、「自分のワインだ」と言って、好んで飲んでいたようです。砂浜にすわってワインのビンを片手に、片手に鰯のサンドイッチを食べていたそうです。壇一雄の詩を刻んだ記念碑もあります。実際にそこに一人佇んで夕日を見ていれば、遥か遠くにある水平線の落日を拾いに行きたくなる感じがあります。冬場は、霧が発生して、人影もなく、寂しい村ですが、夏に行けば、大西洋に沈むその見事な夕日が見られるのです。

　シントラ Sintra は、王室の避暑地として王宮 Palácio があります。緑に囲まれて湿気が高く、夏でも涼しいです。シントラはリスボンからの半日観光コースとして知られていますが、ここでは、セテ・アイスの宮殿（七つのため息宮殿）について話したいと思います。いまは国営ホテルとなっているのですが、19世紀初頭ナポレオンがポルトガルに侵入して、イギリスとポルトガルとフランスの間でシ

ントラ協定が結ばれた場所です。フランス軍はポルトガルから去る際に何でも持ち帰ってよいという取り決めになったので、ポルトガルが七回ため息をついたということです。ですから、フランス軍は絵画から、ワインでも、貴重品、何でも略奪してポルトガルを去りました。そのときにため息をついたと言われているのですが、セテ・アイス Sete Ais のセテは七つです。しかし、アイス、は、ai の複数形で、ai は、困ったとき、痛み、嘆き、苦しみのときに発する感歎の言葉です。ですから、七回 ai, ai, ai, ai, ai, ai, ai といったと思われますので、ため息ではなく、「七つの嘆き」としたほうが真相に近いのですが、この呼称はいまでは定説となってしまい、修正しようがありません。一番最初に日本語訳をする人の責任はとても重いのです。

　この ai については、実は私たちポルトガル語学習者がよく理解しておきたいことばです。実は以前、こんな悲劇があったそうです。日本の日系ブラジル人が、暴漢たちに襲われて、殴り蹴られたときに、ai と何回も発していたそうです。それも、「アーイ」とか、「ア〜イ」とか、「アイ」とか、いろいろなイントネーションや間延びで発せられます。暴漢が日系ブラジル人と喧嘩をして、殴り蹴ったときに、気持ちよいとの日本語の「ああーいい」に聞こえたので、喜んでいると思って、からかって殴り続けて死亡した、との話を聞いたことがあります。ことばの難しさを想起させるエピソードだと思います。話はそれましたが、ポルトガル語に限らず何語でも、相当に深く幅広く勉強していないと、少しやった程度ではまだ勉強不足と言えると思います。逆にことばが理解できる人は何らかの形で世の中に貢献しなければならないと思います。大卒で、すぐに中高の英語の先生になるシステムは、筆者にいわせれば拙速です。一回社会に出て数年社会勉強をしてから、学校で教えることが必要だと思います。社会とことばは密接なつながりがあり、ことばの知識だけを切り離して考えることはできないからです。

さて、シントラから西に車で30分ほど行けばロカ岬 Cabo da Roca があります。Cabo が岬です。ロカ岬は、西経 9 度 30 分で、ヨーロッパ大陸の最西端になります。灯台とシントラ観光局の出先機関があり、そこでヨーロッパ最西端にきたことを証明する証書を販売しています。ポルトガルに興味を持つ人には周知のとおり、ここには記念碑があって16世紀の詩人カモンイスが言った「ここに地果て、海始まる Aqui acaba a terra e começa o mar.」とポルトガル語で書いてあります。そこを訪れる人は、大航海時代にはここから船が出て行ったと思い感慨に浸るかもしれませんが、そこは断崖絶壁で船が出るところではありません。

　そこから南下して15分ほどでカスカイス Cascais につきます。大西洋を西側に望み、夏場は海水浴ができる砂浜もありますが、そこを通りすぎると、岩場になっています。そしてカスカイスに入る手前には、地獄の口 Boca do Inferno と呼ばれる、大きな穴が開いた岩場があります。覗いてみると、確かに大きな穴に荒波が寄せていました。カスカイスからリスボンまで、カスカイス線という電車が出ています。カスカイスは海岸線が美しく、海鮮料理が食べられるレストランが多くあります。海岸線を歩くだけで、自分がリッチになった気分が味わえます。カスカイスとシントラの中間には、F1レースで有名なエストリル Estoril のサーキット場 autódromo があります。エストリルにはカジノ Casino もあります。

　カスカイスやエストリルから海岸線にそって東にむかって道路が延びています。右側には（リスボンを拠点にすれば左側）、大西洋とテージョ川の水が交わっているであろう河口があり、冬場でも晴れの日はまばゆい太陽と抜けるような青空が人間の心をあらってくれます。その海岸道路はマルジナルと言われています。その道路を通って、またはカスカイス線の電車にのって首都リスボンに入りましょう。

　私たちはポルトガルの首都としてすぐに「リスボン」という都市

名を思い浮かべますが、ポルトガル語を学習している人ならもうご存じのとおり、実はリスボン Lisbon は英語です。ポルトガル語ではリズボア Lisboa です。ある人は、リスボアとか表記しますが、子音の sb の間はにごりますから、ズになります。ところが、実際に聞いてみると、ズの音はやわらかい発音なので、気づかないのです。昔からの慣用で、日本ではリスボンと英語でいいます。さて、ポルトの説明のところで述べたとおり、ポルトの人は愛称として臓物を食べる人といいますが、それではリスボンの人 Lisboeta はどんな愛称で呼ばれているでしょうか。実はレタスを食べる人 alfacinha といいます。実際に、サラダを良く食べます。理由はポルトと違い大航海時代には関係していないと思います。恐らく、リスボンの人はただ単純にレタスの味が好きなんでしょう。

　リスボンは、スペインのタホ川がポルトガルに入って名前がテージョとなった川を前にして広がっている都市です。胃袋のように河口が膨らんでいて大西洋の荒波が直接入ってこないので、天然の良港であり、大航海時代にはここに多くの帆船が停泊していたことを思うと、リスボンでのポルトガル語が、発音が聞き取りにくく方言がきつくなることとある一定の関係性が窺えることと思います。港町であるリスボンは、ヨーロッパやアフリカをはじめ、世界各地の人びとが貿易と交流を重ねた場所でもあります。いろいろな人が話すポルトガル語は当然発音も変化しているはずです。そのため、標準ポルトガル語は首都であるリスボンでの発音にその範が求められず、北部のコインブラの発音がその基準になっているのではないかと思われます。北部から旅をしてきて、語学に敏感な人は、リスボンのポルトガル語は、フランス語の発音が混っているのではないかと感じるはずです。語尾の母音が聞き取りにくいほど弱くなっています。これに対して、北部は母音に関してはスペイン語に近いのではないかと感じるかもしれません。語尾の母音までしっかりと力強く発音されます。もちろん、すでに述べたようにポルトガル語と

ポルトガル国家の発生の起源は北部にあります。北部ではまた、ガリシア・ポルトガル語というスペイン語とポルトガル語の中間のような言語が話されていました。

大航海時代には、リスボンの西部にあるベレン Belém 地区から、ジェロニモス修道院でミサをあげて船が出航したと言われています。男たちがリスボンで最後に見たものは、テージョ川に浮かぶ要塞ベレンの塔だったでしょう。そして、無事に戻ってきた者が最初に見たのは、やはりベレンの塔であったに違いありません。その雄姿は、ポルトガルの大航海時代に生きた男たちの雄姿を現す記念碑的歴史建造物と言えるでしょう。ジェロニモス修道院の横には、海事博物館 Museu da Marinha があります。そこには、大航海時代にアフリカ奥地進入の立役者ディオゴ・カンが建てた石標 padrão を後のポルトガル人が発見して持ち帰ってきたものが展示してあります。

さて、リスボンの街の東部にはアルファマ Alfama 地区がありますが、18世紀のリスボン大地震の壊滅的被害をうけなかったので、昔ながらの街並みが感じられるところです。坂を上っていくと、サン・ジョルジェ城 Castelo de São Jorge 跡にたどりつきます。その城跡からは、リスボンのオレンジ色の屋根の街を望むことができます。はっきりとは見えませんが、左のテージョ川側から右に向かって大通りが延びています。これを自由大通り Avenida de Liberdade といいます。このあたりが、リスボンの中心地になります。向かいの丘がバイロ・アルト Bairro Alto 地区で、ポルトガル人の魂の歌ファド fado が聴けるレストランがあるところです。そして大西洋には、4月25日橋があります。この橋は以前は別の名前がつけられていました。ポルトガルは20世紀の半ばまでサラザールという独裁者が治めておりました。そのときに建設された橋なのでサラザール橋と呼ばれていましたが、1974年4月25日に革命があってサラザール独裁政権が崩壊し、新たに革命のあった日の名前をつけたということです。

すでに書いたことですが、リスボンの方言ははっきりとした特徴を持っています。e は a に聞こえるし、英語の establish の sh の発音が語尾の s において顕著なのです。それが、最初は耳に鋭く聞こえる一方で、語末の母音をはっきり言わないため、外国人である私たちの耳にはよく聞こえない、聞き取れないことが多くあります。特に最初にブラジルのポルトガル語を勉強した人にとっては、リスボンの方言のポルトガル語を聞き取ることは最初はかなり難しいと思います。ここでも学習者はポルトガルとブラジルのことばの違いを明瞭に意識することになります。バス・電車・生ビールという単語が両国で違うのは覚えればいいわけですが、この発音の違いは最初は苦しいものです。しかし、それもやがて慣れが解消してくれます。そして、さらに勉強を続ける人は、自分の発音も自然とリスボンのものになるものです。最初は難しい発音も努力さえ続けていけば、言えるようになります。あとは気持ちの持ち方だと思います。あわてず、ゆっくりしっかり学習を続ければ大丈夫です。

　実は筆者も最初のうちはリスボン方言・発音にしばしば閉口していました。これは筆者の実体験なのですが、会話で最重要表現のひとつである「お願いします」ですら聞き取れなかったのです。筆者がリスボンに住んでいた頃、たまたま電話で無線タクシー rádio táxi を呼んでいる人を見かけたことがありました。そんな場面ですから、もちろんその人は「お願いします」faz favor と言っているはずなのですが、それが筆者の耳にはどうしてもそう聞こえなかったのです。faz favor はあえてカタカナで表現すれば、「ファス・ファヴォール」というふうになりますが、そのときの人はそれを「ファッシャヴォール」と発音していたのです。発音がこれだけ違うと聞いていても文字の綴りすら想像することができません。

　外国語を勉強するときに注意しなければならないことの一つに、自分が勉強している外国語の発音は、その言語で使用されている一つの規範的な発音であって、あくまでも一つのモデル発音であると

いうことを忘れないことです。ポルトガル語だけについても、既述のとおりポルトガル国内でもすでにこれだけ多様な発音のバリエーションがあります。ましてや世界各地のポルトガル語圏ではそれぞれ多様な発音と異なる単語が、多彩なポルトガル語をつくり出しています。ポルトガル語は、ポルトガル「本国」のものであり、ある特定の地域の発音だけが正当なものだと思うのは間違いです。それぞれが生きた、正しいポルトガル語と理解すべきでしょう。前述の、ポルトガルの植民地であったカーボ・ヴェルデ諸島のことばも、その方言も含めて、やはり正しいポルトガル語なのですから、リスボン方言もおかしなポルトガル語と思ってはいけませんね。

これからブラジル Brasil の話にいきたいと思うのですが、サン・パウロやリオ・デ・ジャネイロのポルトガル語しか勉強していないと、他の地域のポルトガル語は発音が違うというものの考え方をどうしてもしてしまいます。これは学習者の実感としては仕方のないことです。むしろ、まじめに発音や聞き取りの勉強をしている人ほど、ついそう思ってしまいます。でも、「違う」といわれた地域の人びとの気持ちは十分に考えたいものです。自分の母語で話すことは大切な権利であり、それを「ヘンな訛り」と指摘することは差別的な行為ではないでしょうか。筆者が好んだアソーレス文学の発信地のアソーレス os Açores 諸島は、別の言語かと思うほど発音と単語が違います。いつかリストを作成して発表したいと思っているくらいです。これも、リスボンとか、ブラジルのリオ・デ・ジャネイロなどのポルトガル語を最初に学んだから、違うと感じるのです。彼らには何も違うことはないので、それが普通です。むしろ、彼らアソーレス人には、「違いの権利」、「違っていることの権利」を主張して、彼らの文学にしても誇りをもってアソーレス文学という名称を顕示しているほどです。

ブラジルのポルトガル語を愛好する人は、リスボンの発音で話

すと「違う」と言います。「リスボンの人の発音はブラジルとは違う」と言うのです。日本人の話すポルトガル語は発音が「悪い」と言われて、よく直されますが、これはどこかを中心にして考えるものであって、考え方の基にヨーロッパ中心史観と同じようなところがあるのではないでしょうか。大航海時代のスペインとポルトガルにより世界を「分割」したり「発見」ということばの用い方は、彼らが地球の支配者であるとの感覚がありました。言語についていえば、地域が違えば、違ってくるのが当然であり、ましてや、これまで歴史的に見てきたようにポルトガル人の海外進展とともに、また異種混交の結果として、世界でポルトガル語が話されるようになりました。しかし、人びとの交流の結果、地域によってその言語も変化していきます。ですから「違いの権利」を侵害するようなものの考えは見直していかなければなりませんし、一つのことだけにこだわると、他が見えてこなくなるというのは、繰り返し認識を深めていかなくてはならないことです。歴史や文学と同様にことばを学ぶ人は、文化についても深い理解を育てることができます。ポルトガル語を学ぶといままで見ていた世界が違う側面・真実を教えてくれるのも、学習の大きな励みになるでしょう。方言などのために一つの言語内でも発音にはさまざまなものがありますが、これを面倒なこととか負担だとか考えずに、むしろことばは意外と融通がきくし、自由でもあると積極的に考えてみるのはいかがでしょうか。このことはポルトガル語を学ぶうえではいろいろと体験することだと思います。たとえば、私たちの身近な乗り物である車 carro を例にとって具体的に考えてみましょう。リスボンでは車の複数を指す carros の rr の部分を巻き舌にして、s もシュとなり、「カーロシュ」となります。ところが、ポルトガルの他の地域では「カーロス」、サン・パウロでは「カーフス」、リオでは「カーホシ」となります。ブラジル・ポルトガル語といっても、サン・パウロとリオではこのような違いがあります。地域によって発音が異なってくることはいまま

でも他の例で見たとおりです。しかし、実際にはさらに問題が残されています。人は移動先の発音にすぐになれて急に自分の発音を変えるということは一般的には難しいものです。人が移動したらどうなるのでしょうか。成人を過ぎてから急に違う発音ができるようになる可能性は低いので、それならばとにかく一応の知識を得て努力をしたうえで気にせずに話す努力をすればいいのだと思います。広大な土地で人びとも多種多様であるブラジルで、あまり過度に発音にこだわる必要はないでしょう。ブラジル国内でもポルトガル語はどんどん変わっていきます。かつては各地の人びとがブラジリアに移動して首都が形成されたので、ブラジリアのポルトガル語もすでに十分変成していることが考えられますので、この点は言語学者による比較研究の余地があります。

　一言語内におけるヴァリエーションの豊富さ・多様性は何もポルトガル語に限ったことではありません。たとえば西欧においてそれほど大きな国土を持たないイタリアにしても、言語についてはいろいろな現象が見られます。イタリア語はイタリア国内とその周辺だけしか話されていないので、こういう問題はないかと言えば、決してそんなことはありません。まず第一にイタリア語はスイスやドイツ・フランスの一部でも使われていることばですし、イタリア国内に限ってもやはり方言はあります。イタリア北部の国境になるとヨーロッパのいろいろなことばの話者がいます。

　さて、ブラジルではリオ Rio のパン・デ・アスーカル Pão de Açúcar、現地ではポン・ジ・アスーカルという岩山は必見です。また、コパカバーナ Copacabana やイパネマ Ipanema の海岸は見てみるべきでしょう。そして、ブラジルの豪快なバーベキューのシュラスコ料理 churrasco や黒豆と肉の煮込み料理 feijoada はぜひご賞味あれ。南部の治安は比較的安定していますので、パラナー、サンタ・カタリーナ、リオ・グランデ・ド・スルの州のどれかを訪れてみてください。特に最南部では二人称の主語代名詞「お前」の tu トゥを使っ

ています。これも、初めての人は違和感があるでしょうが、事前に心の準備をしていれば現地では自然と使えるようになります。サンタ・カタリーナ州の形成の歴史は拙著『「ブラジルの発見」とその時代——大航海時代・ポルトガルの野望の行方』（現代書館）に詳述しましたが、それを読んでいただければどうしてヨーロッパのポルトガルでしか使われない tu がブラジルの最南部でも使われるのかが、ご理解いただけると思います。ブラジルではアマゾンの密林を体験したい人はマナウス Manaus にいくべきでしょうし、イグアス Iguaçu の滝と、北東部バイーア州のサルヴァドール Salvador も美しい海岸と魚介類の料理で有名です。ココナツミルクにシーフードを入れた鍋料理モケッカ moqueca や日本ではあまり知られていない、さまざまなフルーツもあります。サルヴァドールは、植民地時代には首都でした。アフリカからもっとも近い地点ということで、アフリカから大勢の人がここに来ました。ブラジル植民と発展の原点を見て取ることのできるところがサルヴァドールなのです。

　さて、ことばの多様性について具体的に比較するためについブラジルのほうにまで進んでしまいました。ことばの話からリスボンから一気にブラジルに行き、主に発音の「違い」に関して筆者の独自の視点を述べましたが、これからポルトガル南部の旅へ出てみたいと思います。でも話が南部に行く前にもう一言だけリスボンについて付け加えます。リスボンでは時間があったら是非、リスボン国際博覧会跡地を訪れたりバスコ・ダ・ガマ橋を渡ってみてください。南部では、セトゥーバル Setúbal の街が栄えていますが、セジンブラ Sesimbra も海に面した漁業の町で砂浜もあり、筆者のように海の近くで生まれ育った人にとっては何かほっとするところです。ここでは是非、墨のはいったままのモンゴウイカ choco com tinta を食べて、お歯黒を体験してみてください。二人以上で食べてみて、相手の歯が黒くなっているのを見ておかしくて笑うと、自分の歯も

黒いので相手も笑ってしまいます。そのことがお互いにおかしくて笑えます。この何気ない笑いこそが、旅行の食事のときは楽しいのですね。日本人が体験できる「ラテン気質」はこんなところにもあると思います。さらに西に行けばセトゥーバル半島 Península があり、地中海性気候の低木が茂った断崖が続いています。また、孤立した修道院が点在している風景もあります。

　セトゥーバルから南に行くとオリーブ畑やコルクの木が見られるアレンテージョ Alentejo の平原地帯になります。アレンテージョとは「テージョ側の向こう側」という意味です。アレテージョのポルトガル語もよく聴けば面白いです。レストランで聞いたのですが、ボレーゴ borrego という子羊のことを、ボレーゴー、と言うのです。アクセントについて学んだ方ならご存じのとおり、ポルトガル語は例外はあっても、基本的に後ろから二番目の母音にアクセントがあるのです。つまりポルトガル語として文法どおり発音すればボレーゴです。ところがアレンテージョの人は最後の母音も伸ばすようにアクセントをつけます。そのためボレーゴーと上にあがる感じで言います。それが歌をうたっているかのような感じで美しくもあるのですが、リスボンの人は発音が違うとからかうところがあるようで、笑っていました。日本の国土の4分の1しかないポルトガルの中で、南部に行っても多様なポルトガル語の色彩があるのです。

　そのまま南部にいけば、ポルトガル最南部のアルガルヴェ Algarve 地方になります。ファーロ Faro がもっとも大きな街ですが、そこよりも西のアルブフェイラ Albufeira がもっともにぎやかで、海もナイトライフも楽しめます。ヨーロッパのリゾート地と歓楽街といった感じで、眺めもいい所です。さらに西のラゴス Lagos、そして南部の最西端のサグレス Sagres まで足を延ばせば、旅も終わりです。沢木耕太郎が著書『深夜特急』で、夜間にサグレスに着き、朝起きて窓を開けたときの広大な海を見て、放浪の旅をやめようと決心したと書いています。その先のサン・ヴィセンテ São Vicente

岬の近くには、エンリッケ航海王子の航海学校があったところとして低い壁が残っていますが、実際は人が居住できるような条件もありませんし、断崖絶壁で船が出て行けるような場所ではないので、散発的に人が集まっただけに過ぎないのではないかといわれています。

　ここで旅を終わらせたくない人は、ファーロから東に進んでスペインに抜けることもできますし、大西洋のアソーレス os Açores 諸島に行って、ベルギー地方をはじめヨーロッパ諸国、そしてアレンテージョ地方の人が多く移住したアソーレス諸島で話されるポルトガル語を体感してみるのもよいでしょう。本書第8章で論じますが、アソーレス諸島のポルトガル語は独特な単語も多くとても興味深いところです。砂糖 açúcar を açucre、泳ぐ nadar を adanar、例 exemplo が inzemplo、窓 janela が jenela、買う comprar が mercar、多くの muito が munto、など、音声面だけでなく、まったくわれわれが学んできたポルトガル語とは違う単語があります。その他、アソーレスはリスボンの穀物倉庫として限られた土地で農業がなされていたので、普通の知識では理解できない農業や牧畜のアソーレス独特の単語が存在します。

　マデイラ Madeira 諸島は、アフリカとほぼ同等の緯度にあり、常夏のリゾート地です。アソーレスとマデイラのポルトガル語はブラジルのポルトガル語、特に発音に関しては「移行段階」が見られます。ポルトガル（語）の色彩を感じ取って、海外に慣れてきて安全に旅行できる自信がついたら、島々を大西洋の大河の橋として、ブラジルの街に足を延ばしてみても良いでしょう。

第2章
ポルトガル語の分解

　すでに、初級の学習を終えた方はご存じだと思いますが、ポルトガル語の学習で苦労するのは語形変化です。動詞は時制、人称、数に従って変化します。名詞においては単数と複数の他、男性・女性の性があります。冠詞と形容詞、指示詞、所有詞などは名詞の性と数に形を合わせなければなりません。この性と数の一致が学習のひとつの難しい点であるとも言えましょう。

　語学の学習では新出単語の暗記を繰り返して暗記しなければなりませんが、そのうえ上述のような変化があるとなると、早い人で数カ月で残念ながらポルトガル語の学習を止めてしまうことがあります。新しいことばの勉強は楽しいものです。ことばの勉強は楽しくても、学習して暗記・定着する前に次の新しい単語や変化が出てくると、ついていけないとか分からないという感覚を得てしまうことになるようです。

　筆者は、そのようなことは極力避けたいと思い、まず学習者の方に継続してもらうには、どのような進行具合がよいかということを長年考えてきました。本書でも随所で指摘していますが、一年目の初級学習においては、ポルトガル語の動詞の時制では現在、近接未来、完全過去程度に抑えることが最も有効だと思います。もちろん、動詞によっては過去未来や不完全過去の特殊用法として婉曲・丁寧を表すことがありますので、限られた動詞によっては過去未来や不

完全過去の形も初級で教えることが必要です。

　市販のポルトガル語の参考書や会話例文集を見ていますと、一冊の中で接続法まで取り扱っているものがほとんどです。会話でも接続法を使うからです。しかし、これを一年間初級の教材として使用した場合、学習内容が頭の中で整理されずに定着しないまま最終ページを迎えることになってしまい、学習者の方はポルトガル語は難しいという印象を抱くようになっているのかもしれません。その可能性が大きいですし、筆者は実際にそのような意見を持った学習者と接したこともあります。楽しいはずの新しい語学学習が、1年以内に嫌になることは語学教師らの責任だと思い、筆者もその責任を痛感している次第です。

　このままではいけないと思い、自分の授業だけでも自前の教材や進行具合を確立しなければならないと思い10年以上の歳月が経ちました。その間、何回もパソコンで教材を書き直していました。同時にこの10年の間に入門書や辞書も飛躍的に類書が刊行されて、学習者はどれを選んでよいのか分からない状態になりました。本屋にいきますと英語ほどではないですが、ポルトガル語の語学参考書も多く並んでいます。学校で学習すれば教員の指定参考書やプリントで習うのですが、独学の場合はとても困ってしまうでしょう。語学学習に関して、初学者が使用する参考書は「大は小を兼ねる」は通用しないと思います。また、初学者用の参考書においてかなりの事項を盛りだくさんにするのも如何なものかと筆者は考えるものです。

　筆者には大学書林から共著で2冊教材を出した経験がありました。それ以外に独自の原稿をパソコンに保存していました。世の中の動きに見捨てられた状態になった感が否めませんでした。語学出版社に企画をもっていっても、すでに類書があるのでうちからは出せないとか、類書と差別化できるのであれば出せるという返答も得ていました。それでも、類書が多くて半ばあきらめていたときに、思い切って三修社に原稿を送りました。すると三修社には『ゼロから話

せる』シリーズのポルトガル語がまだないので、そのシリーズに内容や構成を合わせれば可能性はあるとの返事がありました。そこで、動詞の時制の約 8 割は現在と近接未来、残りが完全過去という筆者の考えと合致したシリーズに偶然出会えたのでした。このシリーズを教室で使用した場合、年間の授業の中で早く教科書が終わるかもしれませんが、その後はブラジルやポルトガルで刊行されている外国人向けの教科書の練習問題を使用すれば、ちょうど年間の授業終了時には完全過去の練習が十分できて終了できるタイミングになります。途中で完全過去の混じった文章の作文や読解を取り入れることもいいでしょう。残りの文法は 2 年目の中級で学習し、初級で学習した内容をさらに継続しながら語彙を増やし、会話を練習しながらスムーズに言えるようにして定着させるのが筆者の抱く理想の初級と中級の継続学習なのです。上級になると新聞を教材にするのもよいかと思います。

　それでは、1 年目の初級で勉強するべきと考えるところをご紹介しましょう。すでに学習済みの方は復習になりますし、復習を通じて新しいことを発見することができるかもしれません。はじめての方は、ポルトガル語の基本的な仕組みが理解できる章になっています。

主語になる人称代名詞

　まず単数から紹介します。日本語の「私は」に相当するポルトガル語は eu です。「君は」は você です。você は後ほど紹介する動詞の箇所でもっと明確になりますが、動詞の変化は三人称単数になります。ポルトガルとブラジル南部では、tu「お前」を二人称として使用します。「彼は」は ele です。「彼女は」は ela です。

　複数を紹介します。「私たちは」は nós です。「君たちは」は vocês です。「彼らは」は eles です。「彼女らは」は elas です。

　男性に対して「あなた」は o senhor です。女性に対して「あなた」

は a senhora です。複数はそれぞれ os senhores, as senhoras です。

いずれも、動詞の紹介の箇所で再び出てきます。

名詞

ポルトガル語の名詞には男性と女性があります。語尾が o で終わるのが男性で、a で終わるのが女性であるのが一般的です。しかし、problema（問題）という名詞は a で終わっているのですが男性なのです。子供という単語は criança です。男の子でも女の子でも a で終わります。このような単語がありますので、疑問に思ったときに辞書で調べて確認する習慣をつければ正確な知識が増幅されます。細かいところを正確に知っているとポルトガル語を良く知っているということになります。

英語は中学校や高等学校で勉強しましたが、英語の知識や文法用語を知っていることを前提にポルトガル語などの新しいことばの説明をすると、英語の苦手な人にはわからなくなります。しかし、昔からのありふれた単語の説明方法なので少しだけお許しください。英語の city（街）は、ポルトガル語で cidade です。英語で ty で終わる語はポルトガル語では dade となる場合が多いです。agency（会社）は agência ですから、英語で cy で終わる語はポルトガル語では cia となる場合が多いです。nation（国家）は nação ですから、英語で tion で終わる語はポルトガル語では ção となることが多いです。movement（移動）は、movimento ですから、英語で ment で終わる語はポルトガル語では mento となることが多いです。副詞になりますが、英語からポルトガル語をつくるという面において言及を続けますと、normally は、normalmente ですから、英語で ly で終わる語はポルトガル語では mente となることが多いです。

冠詞

男性名詞には定冠詞の o、不定冠詞の um がつき、女性名詞には

定冠詞の a、不定冠詞の uma がつきます。車を名詞の例としますと、定冠詞は限定して「その」車（o carro）、不定冠詞は特定せずに「ある」車（um carro）というように日本語で用法が説明されるのが一般のようです。

上述の子供という意味の criança は、男性でも女性でも冠詞は a、uma です。このような単語がありますから注意しましょう。

形容詞

形容詞は一般的に名詞の後ろに置かれて、名詞の性と数に一致します。「そのかわいい子供」と言えば、本章でいままで説明した名詞、冠詞、形容詞の知識で a criança bonita という語順で言えます。複数ならば as crianças bonitas です。ここでも新出単語を蓄積していくことがいかに大切であるかが分かっていただけると思います。

名詞の前に置くと意味が変わる形容詞もあるので注意しましょう。grande は名詞の後ろに置かれると「大きい」ですが、名詞の前に置かれると「偉大な」という意味になります。o homem grande（その大きな男）と o grande homem（その偉大な男）の違いです。grande は語尾が e で終わっていて、性の変化はなく数の変化のみあります。as mulheres grandes（それらの大きな女性）

また、形容詞が名詞の前に置かれると形容詞の意味を強調する場合もあります。

所有詞

所有詞は主語になる所有代名詞と名詞を修飾する所有形容詞がありますが形は同じです。所有詞にも性と数の変化があります。「私の」を例に見ましょう。「その私の車」は、o meu carro です。車（carro）が男性名詞ですから、所有詞は meu です。車の所有者の性別とは関係ありません。ここがポイントです。女性名詞である家（casa）を例にしましょう。「その私の家」をポルトガル語で言うと

a minha casa となります。

　例文を複数にしましょう。os meus carros, as minhas casas となります。問題は三人称で、「彼の」「彼女の」「彼らの」「彼女らの」「君の」「君たちの」は名詞の性によって seu か sua で、名詞の数によっては seus か suas となるのですから、所有者が明確になりません。o seu carro と言っても「彼の車」か「彼女の車」か「君の車」か、または所有者は複数で一台の「その車」を意味しているかもしれません。os seus carros となると事態は一層複雑になります。車は複数あるのですが、所有者が「彼の」「彼女の」「彼らの」「彼女らの」「君の」「君たちの」なのか分かりません。

　このようなときには、英語の of に相当する de を用いて o carro dele（縮合形です。de+ele）とか o carro dela（縮合形 de+ela）として所有者がわかるようになる方法があります。de のあとに人名をいれれば明確です。

指示詞

　指示詞も所有詞と同じように主語になる指示代名詞と名詞を修飾する指示形容詞がありますが、形は同じです。指示詞の前には冠詞はつきません。名詞の性と数にしたがって変化します。話者の性には関係ありません。este carro（この車）、estes carros（これらの車）、esse carro（その車）、esses carros（それらの車）、aquele carro（あの車）、aqueles carros（あれらの車）となります。名詞は女性ならば、casa で例をあげると esta casa（この家）、estas casas（これらの家）、essa casa（その家）、essas casas（それらの家）、aquela casa（あの家）、aquelas casas（あれらの家）となります。

動詞の時制

　動詞は主語になる人称代名詞によって変化します。そしてポルトガル語の時制は多いです。それだけ複雑なニュアンスを醸し出すこ

とができるのですが、考えようによっては細かい複雑なニュアンスを表現しようと思わなければ現在、近接未来、完全過去だけで十分だと言えます。欲を言えば不完全過去も使いたいです。それでは、主語によって動詞が変化するとはどういうことか、また近接未来とか完全過去とは一体何なのか、それぞれ紹介することにします。

動詞の変化とは

動詞の変化の紹介のために動詞 ser を例として使用します。ser は英語でいうと be 動詞です。名前、国籍、職業など、あまり変わらないものについて使用します。同じ be 動詞に相当するといっても一時的な状態を表すときにポルトガル語では動詞 estar を用いますが、とにかく動詞 ser に集中しましょう。

「私はハマオカです」と現在形の日本語をポルトガル語で言うと、「私は」eu は一人称単数ですから、一人称単数のときは動詞 ser は sou と変化します。そうしますと Eu sou（私は、〜です）というポルトガル語ができます。そのあとに「ハマオカ」をつなげると Eu sou Hamaoka. という立派なポルトガル語文が成立しました。「私は、ハマオカです」と自己紹介ができます。

主語を「君」você にすると、すでに説明しましたが「君」は二人称ですがポルトガル語では動詞の変化は三人称の変化になりますので動詞 ser も é に変わります。Você é Hamaoka.（君は〜です）となります。主語が「彼」ele だと、同じように é が続くことになりますから、Ele é Hamaoka. となります。「彼女」ela も同じように Ela é.... というポルトガル語文ができます。

複数になりますと、一人称複数「私たち」nós は、動詞 ser は somos と変化します。三人称複数の「君たち」、「彼ら」、「彼女ら」に関しては、動詞 ser は são と変化します。ちなみにポルトガルとブラジル南部で多く使われる二人称単数 tu「お前」に関しては és となります。一人称単数、二人称単数、三人称単数、一人称複数、

三人称複数の順番で動詞 ser の変化を並べますと、sou, és, é, somos, são という順番で暗記することになります。この順番で動詞 estar の変化を言いますと estou, estás, está, estamos, estão となります。これを動詞の変化または活用と言います。これだけ動詞の変化が厳密であるので、ポルトガル語では主語を省略できます。ここもポイントです。

実は ser も estar も変化が不規則である不規則動詞なのですが、規則的に変化する規則変化動詞がありますので、「持つ」の意味の ter の変化を紹介してから、規則変化動詞をこれからの時制の紹介のための例にしたいと思います。ter は、tenho, tens, tem, temos, têm. です。

語尾が ar で終わる動詞を ar 動詞と言います。語尾が er で終わる動詞を er 動詞といいます。語尾が ir で終わる動詞を ir 動詞といいます。それぞれ、これからの例の紹介のために jantar（夕食する）、entender（理解する）、abrir（開ける）に集中しましょう。

現在

現在は、もちろん現在の事柄を表します。

まず、-ar 動詞の jantar から現在の時制の変化を紹介します。一人称単数、二人称単数、三人称単数、一人称複数、三人称複数の順番で変化させますと、janto, jantas, janta, jantamos, jantam です。次に -er 動詞の entender の現在の時制の変化を紹介します。一人称単数、二人称単数、三人称単数、一人称複数、三人称複数の順番に、entendo, entendes, entende, entendemos, entendem となります。最後に -ir 動詞の abrir の現在の時制の変化を紹介します。一人称単数、二人称単数、三人称単数、一人称複数、三人称複数の順番に、abro, abres, abre, abrimos, abrem となります。

学習の進行具合にあわせて、「何時に～で夕食する」とか「～を開ける」とか名詞やいろいろな単語をつなぎあわせることで多彩

第 2 章 ポルトガル語の分解

な表現ができます。これは、何も現在の時制に限ったことではなく、次に紹介する近接未来や完全過去の箇所についても言えることです。学習した動詞の変化に単語や言い回しをつないでいくことで表現が豊かになり語学力がとてもアップします。

近接未来

ポルトガル語の近接未来は、英語の be going to にたとえられ、形は動詞 ir（行く）＋動詞の原形です。動詞 ir は「行く」という意味ですが、大体において「〜します、するでしょう」の日本語が相当します。この形は、場合によって「〜しに行く」という意味になることもありますので、状況によって、また受けとめ方によって少しニュアンスが違うことがあります。現在でも未来を表すことができますが、口語では未来の表現にはほとんど近接未来が使われます。

それでは、まず動詞 ir の変化を紹介します。一人称単数、二人称単数、三人称単数、一人称複数、三人称複数の順番で、vou, vais, vai, vamos, vão です。これに動詞の原形をつなげればよいです。たとえば、「私はその窓を開けます」だと Vou abrir a janela. というポルトガル語になります。「私は今夕食します」だと Vou jantar agora. です。しかし、すでに説明したように、前後関係や状況によっては「今、夕食しに行く」という意味になる場合があります。Vamos jantar は、「私たちは夕食します」ですが、状況によっては「さあ、夕食しよう」という英語の Let's（さあ〜しよう）に相当することもあります。文末に？をつけて語尾を上げると勧誘の表現になります。

いずれにしても、この近接未来は、動詞 ir の変化だけにとどめて動詞の原形をつなげるという点においてとても便利です。学習者の方も辞書で単語を調べて是非使ってみてください。本章では、あまり盛りだくさんにしないために、この時点でまだ動詞について ser, estar, ter, jantar, entender, abrir しか紹介していませんので、学習者の方の興味と意欲に合わせて辞書を活用してください。辞書は巻

末に動詞活用（変化）表があり、語数も 2、3 万語以上を収めたものをお勧めします。

完全過去

　完全過去は、過去のある時点で動作・状態が完了したことを表す時制です。日本語では「〜した」があたります。「点の過去」とも呼べます。上述の規則変化動詞の完全過去の活用をさせますと次のようになります。まず ar 動詞です。jantei, jantaste, jantou, jantamos, jantaram. となります。日本で出ている参考書では紹介されていないのですが、ヨーロッパのポルトガル語の一人称複数完全過去には jantámos のようにアクセント記号がつきます。さて、次に er 動詞です。entendi, entendeste, entendeu, entendemos, entenderam. となります。最後の ir 動詞です。abri, abriste, abriu, abrimos, abriram. です。このように、時制によってこれだけ同じ単語が変化していく様子がよく分かります。

　さて、不規則変化をする動詞の完全過去の形はどうでしょうか。本章ではこれまでに英語では be 動詞に相当する ser, estar, ter と近接未来に使う「行く」という意味の動詞 ir しか紹介していませんので、これらの不規則動詞の完全過去の活用を見てみましょう。まず ser です。fui, foste, foi, fomos, foram となります。次に estar です。estive, estiveste, esteve, estivemos, estiveram. となります。ter は tive, tiveste, teve, tivemos, tiveram です。最後に ir を見てみましょう。fui, foste, foi, fomos, foram. です。

　ser と ir は同じですね。読者の皆さんは、筆者が動詞の変化を間違えているとか誤植だとか思われるかもしれませんが、実際のところ ser と ir は同じなのです。それではどうやって見分けたらいいのですか、との質問をしばしば受けることがあります。文脈で判断してくださいというのが従来の参考書の説明でしたが、動詞本来の意味にしたがって動詞につながるポルトガル語が違うところが

ポイントとなります。「行く」という意味の動詞 ir の過去だと、方向を表す前置詞 a とか para が続けてくる場合が多くなります。Fui ao supermercado ontem.(昨日、私はそのスーパーマーケットに行った)という文章に注目してみてください。Fui ao となっています。ao は方向を表す前置詞 a と supermercado につく定冠詞 o がくっついたもの(縮合形)です。このように、方向を表す前置詞をともなうことが多いです。

そのほか、少し極端な例かもしれませんが、面白い例を紹介します。Fui médico. Fui ao médico. という二つの文章があったとしましょう。これまでの、説明で意味の違いはすでに理解できると思いますが、もしも二つの文章が並列されていなくて Fui médico. の文章しかなければ、この文章を「私は医者に行った」と判断してしまうかもしれません。しかし、すでに説明を受けたあとの読者の皆さんは ao のついているほうが、動詞 ir の過去形だと理解していらっしゃると思います。このように、すべての文章において ir は方向を表す前置詞をともなわず、会話においては Fui. だけになっている場合があります。しかし、この説明で、理解の何らかの助けになるのではないでしょうか。

動詞の過去形は、以下のような時を表す副詞(句)とともに用いられますので、紹介しておきましょう。ontem(昨日)、anteontem(一昨日)、a semana passada(先週)、o mês passado(先月)、o ano passado(昨年)、outro dia(先日)、ontem à noite(昨晩)、há uma semana(一週間前)、o domingo passado(この前の日曜日)などです。定冠詞 o や a がついている表現について、日本語の「〜に」を入れるのであれば、em+ 定冠詞で、no や na からはじまることになります。「この前の日曜日に」ならば No domingo passado, となります。

本章では、執筆方針や紙幅の関係から規則変化動詞と不規則変化動詞の完全過去をほんのわずかしか紹介できませんが、すでに紹介した完全過去でどうしてももっと説明しておきたいことがあります。

それはestarとirの完全過去のニュアンスについてです。例として、「私は昨年リオ・デ・ジャネイロに行きました」という日本語の「行きました」に注目してみてください。「行った」ならばもちろん、irの一人称完全過去fuiを使ってNo ano passado, eu fui ao Rio de Janeiro.になります。しかし、「行った」ならば滞在したことになるので、「いた」の感覚でNo ano passado, eu estive no Rio de Janeiro.というポルトガル語文も成り立ちます。ここで問題なのは、「行った」ことを結果とみなすか経験とみなすかで用いる動詞を区別することです。もちろん咄嗟の判断が必要な会話のときにいちいちよく考えて区別して言えません。どちらでも意思は通じます。このことは本書でいたる箇所で言っています。経験と結果の違いは机上の理論としてでもけっこうですから、触れておいたほうがよいと思うのです。英語ならば現在完了になるべき「経験」もポルトガル語では完全過去で表すということです。その最もよい例文がここであげたものです。結果として「行った」「旅立った」ニュアンスであればfuiです。「行ったことがある」ニュアンスであればestiveです。Já fui ao Rio de Janeiro.とJá estive no Rio de Janeiro.の文章を並列しましょう。前者は「私はすでにリオ・デ・ジャネイロに行った（旅立った）」です。後者は「私はすでにリオ・デ・ジャネイロに行ったことがある（いたこと、滞在したことがある）」です。どうして、ここまでこの比較にこだわるかといいますと、以前ある都道府県の知事の一行が「首都移転の視察にブラジルのブラジリアに行ったことがあります」という日本語を「結果」と受け止められる通訳をした日本人がいたのです。そのことが頭から離れないのです。Ele já foi a....と自信満々にやっていたからです。これは「彼はすでに〜に行った（出発した）」のニュアンスがあまりにも強いのです。話の流れから「行ったことがある」ということを言いたいのだということは通じますが、本当ならばEle já esteve em...「彼はすでに〜に行った（滞在した経験がある）」とすべきところなのです。

不完全過去

　完全過去が「点の過去」と呼ばれるのに対して不完全過去は「線の過去」と呼ばれます。過去における動作や状態が進行または継続していた場合に用いられます。過去における継続性を表現しない場合や強調しない場合は完全過去が用いられます。話し手が継続していたかどうか、それとも点の過去と考えるかによっても違ってきます。

　規則動詞の変化は、まず最初に -ar 動詞ならば jantava, jantavas, jantava, jantávamos, jantavam. です。次に -er 動詞ならば entendia, entendias, entendia, entendíamos, entendiam. です。最後に、-ir 動詞ならば abria, abrias, abria, abríamos, abriam. となります。すでにご紹介した不規則動詞 ser, estar, ter, ir の不完全過去の活用を見てみましょう。まず ser です。era, eras, era, éramos, eram. 次に estar です。estava, estavas, estava, estávamos, estavam. です。ter は、tinha, tinhas, tinha, tínhamos, tinham. です。最後に ir です。ia, ias, ia, íamos, iam. です。

　さて、不完全過去の理解のために次の例文を見てみましょう。例に新しく -ar 動詞 trabalhar を紹介します。jantar と同じように変化します。Há dois anos, eu trabalhava em São Paulo. （2年前、私はサン・パウロで働いていました）というポルトガル語の文章です。話し手が、働いていた2年間を「過去における継続」と考えて不完全過去 trabalhava を用いることができます。しかし、話し手が2年間を「人生の中のある一点」と考えれば完全過去となり動詞は trabalhei もなりたちます。

　ただし、「私が部屋に入ったとき、彼は夕食をとっていた」Quando eu entrei no quarto, ele jantava. という文章は、「入った」時は点の過去で、「夕食をとっていた」のは継続で線の過去となります。このような場合は、完全過去と不完全過去を使いわけなければなりません。ここで、「夕食をとっていた」の箇所に完全過去 jantou と使うと、「夕

食をとった」となり、ニュアンスどころか意味が違ってきます。

　このように、ポルトガル語の時制の現在、近接未来、完全過去、不完全過去をみてきました。ポルトガル語で過去を表すにしてもいろいろあることが理解できたと思います。動詞の変化には、規則動詞にも不規則動詞にもパターンがあることも理解できたと思います。また、動詞の変化を「変化」と思わずにひとつの単語と考えれば、変化が多いという認識はなくなるのではないでしょうか。

　その他、過去には大過去があり、ある過去よりも、もっと過去に完了したことを表すのに使われます。代表的な例文は、「私が空港に着いたとき、その飛行機はすでに出発してしまっていた」です。空港に着いたという過去よりも、飛行機が出発したときのほうがもっと過去になりますので、その過去の差を表せます。一般的にterの不完全過去 tinha＋過去分詞の形です。上記の例文はポルトガル語では、つぎのようになります。Quando eu cheguei ao aeroporto, o avião já tinha partido.

　また、未来を表すには、口語でよく使われるとしてすでに紹介した近接未来の他に、**未来**と**過去未来**があります。未来の動詞の変化は、動詞の原形に、ei, ás, á, emos, ãoをつけます。例としてvisitar（訪問する）を見てみましょう。visitarei, visitarás, visitará, visitaremos, visitarão. です。未来の行為、状態、未来・現在の行為、状態の推測を表します。

　過去未来の動詞の変化は動詞の原形に、ia, ias, ia, íamos, iam をつけます。例としてvisitarをあげますと、visitaria, visitarias, visitaria, visitaríamos, visitariam. となります。

　過去のある時点から見て未来に行われる行為・事柄を表したり、過去の事柄に対する疑問や推量、不確実を表します。反実仮想や現在・未来の婉曲表現にも用いられます。

　次に、この動詞の用法を知って使えればポルトガル語の運用上よ

いと思われる動詞を紹介します。

動詞 gostar

「好き」という意味の -ar 規則変化動詞 gostar は、前置詞 de を伴います。de の後に名詞がくれば「～が好き」となり、動詞の原形がくれば「～することが好き」という意味になります。de のあとの動詞は変化しません。Gosto de prato italiano.（私はイタリア料理が好き）という文章は、動詞 gostar の一人称単数現在の変化をして de のあとにイタリア料理という名詞をともなっています。このイタリア料理という名詞は、一般的なイタリア料理であって、なんでもいいのです。ですから定冠詞をともなっていません。ここで、「あの店の」とか「あのピザ」などと限定されれば定冠詞をともない前置詞 de も定冠詞との縮合をすることになります。

この「～が好き」という言い回しは、過去形も交えれば日常会話において「おいしかった」「楽しかった」「おもしろかった」「よかった」などの多彩な言い回しができるようになります。皆さんも是非マスターしてみてください。

動詞 querer

「欲しい」「～したい」という意味の不規則変化動詞 querer は、現在では三人称単数の変化が不規則変化します。まず、現在の変化は、quero, queres, quer, queremos, querem. です。完全過去は、quis, quiseste, quis, quisemos, quiseram. です。不完全過去は、queria, querias, queria, queríamos, queriam. です。

現在の例文で、Quero+ 名詞または動詞の原形で「～がほしい」「～したい」となります。自分の欲しいもの、やりたいことを表明するとても重要な言い回しです。ポルトガル語圏で水を飲んだり、食事をしたりするサバイバルのために最重要動詞ですから quero のあとに自分の好きな単語を辞書で見つけてつなげてみてください。

ところで、querer の不完全過去の queria の特殊用法として、「～がほしいのですが」「～したいのですが」という日本語に相当する婉曲・丁寧を表すものがあります。もちろん線の過去としての「～したかった」とか「～がほしかった」との意味がありますが、買い物やレストランで多用される queria ＋名詞または動詞の原形も覚えておきましょう。その際に、por favor（どうぞ、お願いします）なども付け加えればとても丁寧で相手によい印象を与えることになります。

動詞 poder

不規則動詞 poder は英語の may に相当します。まず、動詞の変化から紹介しておきましょう。現在が、posso, podes, pode, podemos, podem. 完全過去は、pude, pudeste, pôde, pudemos, puderam. 不完全過去は、podia, podias, podia, podíamos, podiam. です。

さて、poder の用法として(1)許可を願うものがあります。「私は～してもよいですか？」というものです。英語でいうと May I smoke here?（ここでタバコを吸ってもいいですか？）は、ポルトガル語で Posso fumar aqui? です。同じように、もうひとつ例文を挙げますと、Posso entrar aqui?（ここに入ってもいいですか？）の代表的なものがあります。

その他の用法として(2)相手に対する依頼・お願いがあります。これは相手に対するものですので、三人称単数現在の Pode＋動詞の原形になります。辞書を引いて動詞の原形をつなげてみてください。ポルトガル語圏で相手に対する依頼・お願いが表現できます。ひとつ例文をあげておきましょう。Pode me trazer o cardápio?（私に、メニューをもってきてくれますか？　ポルトガルではメニューを a ementa といいますので注意しましょう）。ところが、不完全過去を使えばさらに婉曲・丁寧が増します。Podia me trazer o cardápio? です。そして、まだ、時制の箇所で説明をしていませんが、過去未来の変化を

使うともっと婉曲・丁寧を表すことになります。Poderia me trazer o cardápio ? です。筆者の経験からいえば、すべて現在の Pode で通しても大丈夫だと思いますが、取引先の重要人物や政治家・大臣などと話すならば、このような変化も身につけておくべきでしょう。ポルトガル語では語尾が複雑になればなるほど婉曲・丁寧の度合いが増すとお考えください。最後に(3)状況的可能があります。夏なので泳げる、体調がいいので泳げる、といった感じです。これを Posso nadar（私、泳げます）といいます。

動詞 saber

「（知識として）知っている」という意味の不規則動詞 saber の変化を最初に紹介しておきましょう。まず現在は、sei, sabes, sabe, sabemos, sabem. です。完全過去は、soube, soubeste, soube, soubemos, souberam. です。不完全過去は、sabia, sabias, sabia, sabíamos, sabiam. です。

英語でいうと I don't know. は、Não sei. となります。この動詞の重要な用法は、saber+動詞の原形で「能力的可能」を表すことです。例として Sei falar um pouco de português.（私は少しポルトガル語を話せます）や poder の「状況的可能」と対比して Sei nadar.（私は泳げます、能力があります）をあげておきましょう。

動詞 conhecer

動詞の変化から紹介しましょう。現在は、conheço, conheces, conhece, conhecemos, conhecem. 完全過去は、conheci, conheceste, conheceu, conhecemos, conheceram. 不完全過去は、conhecia, conhecias, conhecia, conhecíamos, conheciam. となります。

前述の saber は技能や知識として知っているという意味でしたが、conhecer は「人や場所を経験を通じて知っている」という意味です。場合によっては、カーニバルを「見たことがある」とか「ブラジルに行ったことがある」というふうに経験を表すために、必ず

しも「知っている」という日本語にならない場合がありますので注意しましょう。例として「君はブラジルに行ったことがあるか？」という日本語もこの「経験上知っている」という conhecer を使えば Conhece o Brasil? になります。もちろん、すでに紹介した文章 Já esteve no Brasil? でもよいですが、かなり微妙なニュアンスが違ってきます。

広い範囲で使える動詞

動詞 fazer

この動詞 fazer は英語では do（する）に相当します。とても幅広い範囲で使用されます。まず現在の変化は、faço, fazes, faz, fazemos, fazem. です。完全過去は、fiz, fizeste, fez, fizemos, fizeram. です。不完全過去は fazia, fazias, fazia, fazíamos, faziam. です。

「料理する」は、ポルトガル語では cozinhar という動詞がありますが、fazer も使えます。特に日常生活では日本語の「する」にあてはめて使用できますので、ためらわずに思い切って使ってみてください。fazer compras.（買いものをする）という言い回しも近接未来 Vou fazer compras.（私は買いものをする）や完全過去 Ontem, fiz compras.（昨日、私は買いものをした）などでよく使われます。

動詞 tomar

この動詞 tomar は英語では take に相当します。この動詞もとても広い範囲で使用されます。tomar はすでに紹介済みの ar 動詞と同じ変化をする規則変化動詞ですから、ここでは変化を割愛します。用法は英語の take（とる、飲む、など）と同じですが、ざっと見ておきましょう。tomar um táxi.（タクシーに乗る）。この場合 apanhar や pegar も使われます。その他、tomar o banho.（風呂に入る）や tomar café da manhã.（朝食をとる）などにも用いられます。ポル

トガルで朝食は o pequeno-almoço といいますので注意しましょう。
tomar um suco.（ジュースを飲む）この場合は beber と同じです。

動詞 dar

　この動詞 dar は英語では give（与える）に相当します。しかし、ポルトガル語の口語では give とはまったく関連のない意味で幅広く使われます。dar は不規則動詞ですから変化を確認しておきましょう。まず現在です。dou, dás, dá, damos, dão. 次に完全過去です。dei, deste, deu, demos, deram. 最後に不完全過去です。dava, davas, dava, dávamos, davam.

　この動詞が出てくると、ほとんどの参考書では間接目的語 me, lhe, lhes, etc.（～に）とか直接目的語 me, o, a, os, as, etc.（～を）とセットで学習することになります。残念なことですが、ほとんどの学習者が嫌になってしまうのはこの動詞ではなく目的語のようです。もちろん、知識として知っておくことは大切です。すでに me は poder を紹介したところで出てきています。

　しかし、間接目的語（～に）を必ず使わなければいけないかといえばそうでもありません。英語の to や for に相当する前置詞の para とか a を用いれば、そのまま人の名前や主語になる代名詞を続けることができますから、こちらが楽に使えると思います。ただし、「私に」のときは para eu とは言わずに para mim と言うので注意しましょう。Ele me deu um presente.（彼が私にひとつのプレゼントをくれた）は、Ele deu um presente para mim. と言い換えることができるのです。どちらが言いやすいでしょうか。

　直接目的語（～を）がくるべきところには、口語では名詞や主語になる代名詞をそのまま使っていることが多いです。Eu o vi.（私は彼を見た。ポルトガルでは Eu vi-o. の語順が多いです）は、Eu vi ele. と口語では言われることが多いです。ele は主語になる代名詞で、「彼は、彼が」の意味であり、決して「彼を」とはなるべきものではな

いのですが。

　その他、いつも三人称単数 dá para+ 動詞の原形または名詞という便利な表現があります。「～できる。～にうまくあてはまる」という日本語を起点として、いろいろな方面に独自に発展して応用できる言い回しです。時には para はなくして dá だけで使われます。否定もあります。Não dá. となります。「（この水は）飲める」だと Dá para beber. です。飲めなければ Não dá. です。ショッピングで「（このネクタイがあたなたのスーツに）合う」だと、Esta gravata dá. です。「（このバスは行きたい行き先に）行かない」ならば Não dá. です。「（この食事が）口にあわない」Não dá. です。このように書き出せばキリがないほどさまざまな場面で使えるのが、Dá. と Não dá. なのです。

簡略化した表現

a gente

　gente は「人びと」という意味の名詞ですが、定冠詞 a がつくと「私たち」という意味になります。「私たち」は一人称複数ですから動詞の変化も一人称複数かと言えばそうではなくて三人称単数なのです。例えば、「私たちはこれを食べる」ならば A gente come este prato. とか A gente vai comer este prato. です。決して A gente comemos. とか A gente vamos comer. のように動詞は一人称複数にはなりません。これは、動詞の変化を少なくさせようとすることばの合理化の現れなのでしょうか？

cadê?

　ブラジルの口語表現で cadê...?（どこにある？）があります。例えば、「私の財布はどこにある？」というポルトガル語は Onde está a minha carteira? というのが最も一般的です。ところが、cadê を使うと動詞は不要になり Cadê a minha carteira？と言い表します。あま

りにも変化の多いポルトガル語動詞の使用を拒否しているかのようです。

　ことばは人間が話しているものですから、厳格な規則にとらわれることが嫌ならば、それなりに変化していくもの当然のことかもしれません。これまで本章で「分解」してみてきたように、性と数の一致と動詞の変化が厳しすぎる感が否めません。複数がなくなれば確かにポルトガル語を話すことも楽になるはずです。ブラジルでは今から数世紀の後に、複数形を用いなくなっているかもしれません。

*

　さて、「分解」と謳っている以上、参考書にもあまりのっていない事項で、文章読解のときに独学ではあまり理解できない文章を解説したいと思います。

　A causa do acidente está sendo analisada pelos especialistas. という文章を例にしましょう。主語は A causa do acidente です。日本語では「その事故の原因」です。最後の pelos especialistas は、英語の by にあたる前置詞 por と「専門家たち」especialistas の定冠詞 os が縮合した pelos が難解ですが、「それらの専門家たちによって」との意味になります。ここまでくれば、動詞の部分にあたる está sendo analisada も文脈から理解できますが構造としては、受け身の現在進行形です。está と sendo で「estar + 動詞の現在分詞」つまり現在進行形の構成要件を満たしています。sendo は動詞 ser の現在分詞です。ところが、sendo analisada で「ser + 過去分詞」つまり受け身の構成要件を満たしています。analisada は動詞 analisar の過去分詞で、主語 causa が女性形なので a で終わっています。sendo は「進行形と受け身の二重の役割」の負荷がかかっているのです。ポルトガルでは現在進行形が違いますので、está a ser analisada となるのが一般的です。このような文章は特に時事ポルトガル語として新聞や

テレビのニュースに出てきます。従来の参考書を読んだだけでは戸惑いますので、本章で紹介しておきました。

あとふたつの文章も時事ポルトガル語として意味を取るのに不安にならないように紹介して終わりましょう。Ele teria participado no crime. の文章です。ter の過去未来 teria＋過去分詞の形は、時事ポルトガル語では「〜したらしい、〜とされている、考えられている」といった未確認情報を伝える場合が多いです。例文の意味は「彼はその犯罪に参加（関与・加担）しているらしい」などとなります。

最後の例は、Ele teve o seu carro roubado. です。直訳すれば「彼はその盗まれた車を持った」という意味ですが、「彼はその自分の車を盗まれた」です。しかし、時事ポルトガル語では、日本語の「受け身」O seu carro foi roubado. となるところで、このような表現がなされることがありますので注意しましょう。

第3章
ポルトガル語の多彩な仲間たち

　ポルトガル語を良く知っていると言われるようになるには、まずは細かいところの正確さが求められます。数字ならば、序数や分数が言えたり、また、人の知らない熟語を知っていることでもあると思います。たとえば、基本的な動詞 ter などを含みながら、二つ以上の単語の結合による一定の言い回しで特有の意味を表す成句または慣用句を学習することによって表現力が豊かになります。この章では、このような言いまわしや熟語に接する機会を得て、興味ある学習者がこれから辞書の熟語の部分を読み始めたり次のステップに向けて実力をのばしてほしいです。まずは動詞 ter, estar, fazer の三つの基本動詞だけに関して見てみましょう。この章を読み終えたときには、これだけでもかなりの表現ができることに学習者の方も驚かれるかもしれません。

動詞 ter

　動詞 ter は「持っている」という意味ですが、ter+que+動詞の原形で「～しなければならない」という意味を表現することはすでに大勢の学習者は知っていることだと思います。その他、この動詞と一緒に組み合わさって表現を豊かにすることばの仲間たちを紹介しましょう。

vontade

ter vontade de + 動詞の原形で「〜したい気がする」という意味があります。「私はそれを買いたい」だと Tenho vontade de comprar isso. となります。「私はそれを買いたかった」だと Tive vontade de comprar isso. と動詞 ter は完全過去になります。しかし、「買いたかった」という過去を継続の過去とみなせば、不完全過去になり Tinha vontade de comprar isso. と言います。いずれにしても、vontade は欲望や気分を表します。vontade が動詞 ter と一緒になって「気持ちがある・あった」ということを表現します。否定形は動詞 ter の前に não をつけます。

impressão

ter（a）impressão de（que）... で「〜の感じがする・気がする」を表します。Tenho impressão de que ele não vem hoje.（私は、彼が今日来ないような気がする）という例文を見てみましょう。de que のあとはまた新しい主語と動詞のある文章「彼が今日来ない」がつながっています。impressão は「感じ・印象」の意味です。口語では「そんな感じがする」だと Tenho (a) impressão（de）que sim. や「そうではない感じがする」Tenho (a) impressão (de) que não. などと言います。そんな感じがしようとも、しなくても、自分の意見ではなくて雰囲気で言っているので相手に与える印象はとても曖昧なものになりますが、悪い表現ではありません。動詞 parecer（〜に見える・思える）を使った Parece que sim.（そう見える・思える）や Parece que não.（そう思えない・見えない）と同じように使えます。

ocasião

ter（a）ocasião de（para）+ 動詞の原形で「〜の機会を得る」を表します。この表現は、過去形で紹介します。Na semana passada,

tive ocasião de ir à festa brasileira em Yoyogi.（先週、私は代々木のブラジルフェスタに行く機会があった）「機会」の意味のocasiãoはoportunidadeと言っても同じですから、学習者が言いやすくて覚えやすい方を覚えましょう。未来になると近接未来を使ってNa semana que vem, vou ter ocasião de trabalhar no Brasil.（来週、私はブラジルで働く機会を得ます）などの言い表し方ができます。結局のところ、機会を得て何かが実現できる・できたことを表現します。未来においては、ある程度の期待・希望をも含みます。

coragem

coragemは「勇気・度胸」という意味です。コラージェンであって、決してコラーゲンではありませんので注意しましょう。ter (a) coragem de+動詞原形で「～の度胸がある」を表します。ここでは否定形の例文を紹介しましょう。Não tenho coragem de nadar no mar bravo.（私は荒れた海で泳ぐ勇気はない）「勇気を出して頑張って！」と言うにはCoragem! と一語で言います。

medo

medoは「恐怖」という意味です。ter (o) medo de+名詞または動詞の原形で「～（すること）が怖い」です。Tive medo de andar sozinho.（私は、一人で歩くのが怖かった）Tenho medo dele.（私は、彼が怖い）このように動詞の原形や名詞・人称代名詞をdeのあとにつなぐことができます。

certeza

certezaは「確実（性）」という意味です。ter (a) certeza de (que)「私は～を確信している」を表現できます。deのあとは名詞または動詞の原形となりますが、de queとなると動詞が変化した文章がつながります。Tenho certeza de ele vender o carro.（私は、彼がその車を売

ることを確信している）という文章は Tenho certeza de que ele vende o carro. とも言えます。言いやすいほうを一つを覚えて使えるようになればいいです。Ontem, tive certeza da vitória dele.（昨日、私は彼の勝利を確信した）

vergonha

vergonha は「恥」という意味です。ter（a）vergonha de+ 動詞原形で「～するのが恥ずかしい」を表します。日本語でいう「（私）恥ずかしい」は単に Tenho vergonha. と言います。Tive vergonha de cantar.（私は、歌を歌うのが恥ずかしかった）

coisas

coisas は「複数の（物）事」の意味です。ter várias coisas para fazer とか ter muitas coisas para fazer で「いろいろ（たくさん）やることがある」を表します。No domingo, tive muitas coisas para fazer.（日曜日には、たくさんやることがありました）動詞 fazer は「する」の意味ですから、fazer の代わりに他の動詞を入れることもできます。Tenho muitas coisas para acabar.（私には、終えなければならないたくさんのことがあります）

tempo

tempo は「時間」を表しますので、ter（o）tempo para+ 動詞の原形または名詞で「～する時間がある」を表します。Tenho tempo para viajar.（私は旅行する時間がある）「旅行する時間がない」のであれば Não tenho tempo para viajar. となります。「旅行する時間がなかった」ならば完全過去を使って Não tive tempo para viajar. です。名詞が来る場合は、para の他に de を使う場合もあります。Não tive tempo para o estudo. Não tive tempo do estudo. いずれも「私は、その勉強の時間がなかった」という意味です。

bondade(gentileza)

bondade と gentileza は「親切(心)」を表します。ter (a) bondade (gentileza) de+動詞の原形で「親切にも～する」を意味します。Ele teve a bondade de trabalhar comigo.(彼は、親切にも私と一緒に働いた) この表現は動詞 ter の接続法現在を用いて丁寧な命令として「～してください」を表すこともできます。Tenha a bodade de me mostrar isso.(それを私に見せてください)

aceitação

aceitação は「承諾」の意味として使われることが多いですが、そのほかにも「好評」の意味があります。一般的に形容詞 boa をつけて ter (a) boa aceitação で「評判がよい」を意味します。Ela teve boa aceitação no trabalho.(彼女は職場での評判がよかった) 反対の意味で、「評判が悪い」ですと形容詞が má となります。強調するには muita を形容詞 boa や má の前につけます。

cara

cara は「顔」という意味です。ter (a) cara de... で「～のようである・見える・似ている」を表します。Ele tem cara do Presidente da firma.(彼は、その会社の社長に似ている) 直訳すれば「～の顔を持っている」です。

dedo

dedo は「指」の意味です。ter (o) dedo de+動詞の原形で「器用にも～する・～の器用さがある」を表します。Ele tem dedo de consertar o computador quebrado.(彼は、器用にもその壊れたコンピューターを修理する) 直訳すれば「～する指をもっている」ですが、器用さがあるということを表現しています。

direito

direitoは「権利」の意味です。ter (o) direito a (de) + 動詞の原形または名詞で「〜する（〜の）権利がある」を表します。Os trabalhadores têm direito de descansar.（労働者は休憩する権利がある）Eu tenho direito a férias.（私は、休暇（をとる）権利がある）

lugar

lugarは「場所」の意味ですが、ter lugarで「開催される」を表します。A exposição teve lugar no ano passado em Tokyo.（その展示会は、昨年東京で開催された）近接未来で近い将来に開催されることを表せます。A feira do livro vai ter lugar daqui a dois anos.（そのブックフェアーはいまから2年後に開催されます）

pena

penaは「心痛・哀れみ」を意味します。ter (a) pena de 人で「〜を（したことを）気の毒に思う」を表します。Eu tenho pena dele.（私は、彼を気の毒に思う）penaには「羽」「刑罰」などのいろいろな意味がありますので前後関係をよく確かめることが必要です。

liberdade

liberdadeは「自由」を意味します。ter (plena) liberdade de + 動詞の原形または名詞で「〜の自由がある」を表します。Nós temos plena liberdade de falar em japonês.（私たちは、日本語で話す自由があります）

razão

razãoは「理由」です。ter (a) razão で「道理がある」です。ter (a) razão de + 動詞の原形または名詞で「〜の理由がある。仕方ない」

を表します。Ele teve razão de estar com dor de barriga.（彼は、腹が痛い理由がある）単に Tem razão. で「道理で。当然なことだ」を意味します。

remédio

remédio は「薬」を意味します。Não tem remédio. で「つける薬がない」、つまり「どうしようもない」を表現します。Não tem remédio para ele.（彼はどうしようもない）

動詞 estar

動詞 estar は ser と同じように英語の be 動詞に相当し、Estou cansado hoje.（私は、今日疲れている）のように一時的な状態などを表すときに用いられます。また estar com+ 抽象名詞で、人などのいろいろな状況を表現できることも学習者の方はすでに知っていらっしゃると思いますが、まずは多彩な表現ができる estar com... の表現から入っていきましょう。

estar com のあとに次のような名詞を続けることができます。pressa（急ぎ）、sede（のどの渇き）、sono（眠気）、fome（空腹）それぞれ、「急いでいる」「のどが渇いている」「眠い」「腹が減っている」を表現できます。Estou com sono agora.（私は今眠い）estar com dor de + 体の部位で「～が痛い」を表します。体の部位ではよく cabeça（頭）、dente（歯）、garganta（のど）、estômago（胃）、barriga（腹）などが用いられます。Estou com dor de cabeça.（私は頭が痛いです）

次のような熟語も面白いので紹介しておきます。estar com a faca e o queijo na mão は、直訳すれば「手にチーズとナイフを持っている」ですが「権力をもっている」という意味です。estar com a pulga na orelha は「耳の中にノミをもっている」ですが「うすうす気づく」という意味です。estar com dor de cotovelo は「ひじが痛い」ですが「嫉

妬する」の意味です。estar com um olho dormindo e outro acordado は「片方の目は眠っていて、もう一方の目は起きている」です。つまり「たぬき寝入りをする」の意味です。

morrendo

morrendo は、動詞 morrer（死ぬ）の現在分詞です。estar+動詞の現在分詞で現在進行形を表します。estar morrendo de...「〜で死にそうだ」を意味します。現在進行形だからといって実際に死んでいくところを表現するものではなく、状況を強調するものです。Estou morrendo do trabalho.（私は、その仕事で死にそうだ）Ela está morrendo de fome.（彼女は、腹が減って死にそうだ）

hesitante

hesitante は「躊躇した・迷った」を意味する形容詞です。ポルトガル語では h を発音しませんから「エジタンチ」となります。estar muito hesitante em+動詞の原形で「私は〜にとても躊躇、迷っている」を表します。結局は、この表現を使う場合は消極的意味合いのほうが強いと思われます。Ele está muito hesitante em ir ao Brasil no ano que vem.（彼は、来年ブラジルに行くことにとても躊躇している）Ela estava muito hesitante em comprar a casa.（彼女は、その家を買うのにとても迷っていた）

hora

hora は「時間」を意味します。Já estar na hora de+動詞の原形または名詞で「もう〜の時間だ」Já está na hora de dormir.（もう寝る時間だ）Já estava na hora de fechar a loja.（もう閉店の時間だった）もちろん、「時間」という意味だけでなくもう少し幅広く「〜の頃」「〜するとき」とも言えます。

cheio

cheioは、「～で一杯」を意味する形容詞です。estar cheio de... で「～で一杯である」を表します。

Ele está cheio de problemas.（彼は問題だらけだ→人が主語のとき、①彼自身が問題だらけなのか、②それとも彼は自分以外のさまざまな問題を抱え込んで対処していることを言うのか、場合によって違いますので注意する必要があります。）Ela está cheia de dinheiro.（彼女は金で一杯だ）

acordo

acordoは「同意・一致」を意味します。estar de acordo com＋名詞で「～と一致する」を表します。

Eu estou de acordo com essa opinião.（私は、その意見に賛成です）

cama

camaは「ベッド」です。estar de camaで「病気で寝込む・病床にある」を表します。Ele está de cama por duas semanas.（彼は、2週間寝込んでいる）

castigo

castigoは「罰」の意味です。estar de castigoで「家に閉じこもっている」です。ポルトガル人もブラジル人も家の中に限らず、どこか同じ場所にずっといることが苦痛なのでしょう。いつでも、出歩いて自由にしていたいことを表すような言い回しです。

pesada

pesadaは「重い」を意味します。しかも、女性形です。estar de pesadaで「妊娠中である」を表します。Ela está de pesada há três meses.（彼女は妊娠 3 カ月です）

pés e mãos quebrados

直訳すれば「壊れた手と足」という意味です。何もできないところから estar de pés e mãos quebrados で「万策尽きた」を表します。Perante essa situação, estamos de pés e mãos quebrados.（その状況を前に、私たちは万策尽きた）

posse

posse は「所有」を意味します。estar de posse で「所有している」を表します。Ele está de posse de uma droga.（彼は、薬物を所有している）この場合は、付帯状況を表す前置詞 com とともに Ele está com uma droga. とも言います。

chuva

chuva は「雨」です。estar na chuva で「酔っている」を意味します。estar na pinga や estar quente も同じように酔った状態を表します。pinga はサトウキビで作った酒、quente は「熱い」という形容詞です。

moda

moda は「流行」です。estar na moda で「流行している」を意味します。この表現は「風邪」が流行している場合は使いません。O cinema coreano está na moda.（韓国映画が流行っている）

動詞 fazer

fazer は英語の do に相当しますので、かなり広い意味があります。Faça o favor de+動詞の原形で「どうぞ～してください」、fazer jantar というのは夕食をつくることを意味します。また fazer compras は

買い物をすること、fazer café はコーヒーをいれることを表します。辞書に熟語としてのっていなくても、名詞をつなげて熟語にしてしまうことがあります。ですから、人によっては自分だけが使う「fazer + 名詞」の成句を話していることがあります。また、あたらしい表現をどんどん発明していくこともあります。ことばは生きていて、それを使う人によって異なっているという筆者の理由のひとつがここにあります。たとえば、「家やビルを建てる」を表現するときに使う動詞は一般的に construir（建設する）ですが、fazer で通じるのです。「彼は勉強した」ならば estudar（勉強する）の完全過去 estudou が一般的ですが、Fez estudo. と大勢の人が言います。このように「fazer + 名詞」で言い表すことが会話では多いのです。以下は、基本的に熟語とみなされているものを紹介していきます。

chamada

chamada は「呼ぶ」ことです。fazer (a) chamada で「出席をとる」を意味します。教員が教室で出席をとるときに、近接未来を使って Vou fazer chamada.「出席をとります」という場合があります。もちろん、その前に「それじゃあ」Então とか「さあ・さて」に相当すると考えられる Ora bem などと言ってから Vou fazer chamada. という場合もあります。

mala

mala は「バッグ・荷物」を意味します。fazer as malas で「旅行の準備をする」ことを表します。もちろん荷造りすることになります。直訳すれば荷物・バッグを作ることになります。Na semana que vem, vou partir a Lisboa. Preciso fazer as malas.（来週、私はリスボンに出発します。準備する必要があります）

necessidades

necessidades は「必要性」です。もちろん必要なことをするという意味もありますが、fazer as necessidades で「大便をする」を表します。状況によって意味が違ってきますので、注意しなければなりません。

unhas

unhas は「爪(つめ)」ですから、fazer as unhas で爪を切ることの意味かと思われますが、実はこれは「マニキュアをする」を意味します。Ela gosta de fazer as unhas.（彼女はマニキュアをするのが好きです）

barriga

barriga は「腹」の意味です。fazer barriga でふくらむ、突き出る、という意味もありますが「妊娠させる」を表します。Depois de namorar por três meses, ele fez barriga dela.（3 カ月の恋愛の末に、彼は彼女を妊娠させた）

caçoada

caçoada は「あざけり」の意味です。fazer caçoada de で「～をからかう」を表します。Ele sempre está caçoando daquele amigo.（彼は、いつもあの友達をからかっている）

caso

caso は「場合・事件」など多くの意味があります。fazer caso と言いますと、警察などではある事件や事故の状況を詳細にまとめることから「調書を作成する」という意味までもあるようですが、一般的には「心にとめる」を表します。Ele não fez caso dela.（彼は彼女のことを気にかけなかった）

cerimônia

cerimônia は「儀式・儀礼」を意味します。fazer cerimônia で「遠慮する」を表します。Não faça cerimônia.（遠慮しないでください）

conta

conta は「計算」の意味ですが、fazer conta que... で「仮定・想像する」を表します。Fazemos conta que ela não vem hoje. O que vamos fazer？（彼女が今日来ないと仮定してみよう。私たちはどうしようか）

dinheiro

dinheiro は「お金」の意味です。fazer dinheiro で「とても金をもうける」を表します。Ele foi a Manaus e fez dinheiro.（彼はマナウスに行って金をもうけた）

frio

frio は「寒さ・寒い」です。fazer frio で「寒い」を表現します。暑いは calor を使いますが、どちらも動詞は三人称単数です。Ontem fez muito frio.（昨日、とても寒かった）

hora

hora は「時間」ですから、fazer horas だと時間をつくると思いがちですが、これは「時間をつぶす・ひまをつぶす」を表現します。Até oito da noite, tenho que fazer horas.（私は、夜の8時まで時間をつぶさなければならない）

mal

mal は「悪事」です。fazer mal a... で「～を傷つける・害する」を意味します。Isso faz mal a ele.（そのことは彼を傷つけることになる）

levar a mal で「腹をたてる・悪くとる・悪く解釈する」を表現します。職場では相手が気分を害したりするようなことでも、注意事項として言ったり確認したりしなければならないことがあります。そういうときに Acho que isso não leva a mal.（悪くとらないと思うけど→悪くとらないでほしい）と言った上で、注意したり事実確認をすることがあります。

xixi

xixi は「おしっこ」なので、fazer xixi（pipi）で「おしっこする」になります。fazer cocô で「うんちする」です。

piada

piada は「笑い話・小話」です。fazer uma piada で「冗談を言う」を意味します。Ele anda fazendo uma piada na escola.（彼は、学校で冗談を言いまくっている）

feio

feio は「醜い」を意味します。fazer um feio で「へまをする」を表します。Ele fez um feio no trabalho.（彼は仕事でへまをした）

resumo

resumo は「要約」ですので、fazer resumo で「要約する」を表します。Ele tem que fazer resumo do relatório.（彼は、そのレポートの要約をしなければならない）

第4章
ポルトガル語に縛られないで

　外国語学習には時間がかかります。アルファベットを正しく発音するだけでも十分な訓練が必要で、文法の理解はなおのこと大変です。3カ月や6カ月くらいの学習では、まだ学ぶことや覚えることばかりが多く、自分からことばを使うという段階に至るにはやはり1年以上の学習期間が必要だと思ったほうがいいでしょう。

　しかし、これを絶望的に考える必要はありません。学習過程で得られるさまざまな知識や経験が自分の世界観を豊かなものにしてくれますし、日々自分の実力が増すのを実感できるうれしく楽しい時期でもあるからです。グループレッスンであれば、仕事の同僚や学校の同級生以外の新しい友達がポルトガル語学習を通じてできることがあります。

　本章は、1年以上ポルトガル語の学習を続けているにもかかわらず伸び悩んでいる人のためのヒント集です。外国語学習には、学習を実りあるものにしてくれるコツがあります。もちろんポルトガル語の学習だって上達のための秘訣があります。この章ではポルトガル語学習を続けているけど、いつまでたっても分からないことだらけで困っているという方のための学習のヒントを紹介しています。筆者自身の学習経験とともに、筆者が担当した授業での経験をも活かし、学習者の方なら必ず体感できる分かりやすい例だけを集めています。

名詞

すでに皆さんも学習のとおり、ポルトガル語には性があります。ポルトガル語のすべての名詞は男性名詞か女性名詞に分かれ、それによって冠詞、形容詞などの文法の変化が変わってくるので、学習者にとっては厄介なルールと思われがちです。具体的に見てみましょう。

例えば、車という carro や家にあたる casa という名詞には、性があります。それぞれ男性と女性ですが、車を見れば生物の男性を感じるとか、家を見れば生物の女性を感じるというものではなく、あくまでも文法上のもので、文法上の性をジェネロ gênero と言います。人間の性別や動物のオスやメスのようなセクソ sexo とは違います。文法性の性別は、あくまでも言語上のルールなのですが、人間の男は男性名詞であり、人間の女性は女性名詞であるので、人間の性別と同じように思ってしまうことがありますが、そうではないことをもう一度改めてしっかりとおさえておかなければなりません。

どうして車は男性で家は女性なのかと思い悩む前にまず暗記してしまうほうがいいでしょう。しかし、あまり神経過敏になるのもよくありません。正確に話さないと相手に失礼になるのではないかとか、誤解されてしまうのではないかと思ってしまって、そこでことばが詰まってしまい話せなくなってしまう方もいます。こう考える人は真面目な人が多く、真剣な心構えで学習に取り組むこと自体はとてもいいことです。しかし、この真面目さは学習のときに大いに発揮して、実際の会話などでは逆に思い切り大胆に、多少文法を無視するぐらいの勇気で話してください。文法の性も変化も少し忘れたぐらいではどうということはありません。形容詞や動詞の変化が分からなくなってしまっても、会話をあきらめてしまうことはありません。

そもそも実際の会話では、誰がどういう基準で間違いなのかと判

断するのでしょうか？　ちょっと大胆なことを言ってしまいますと、「ことばに間違いなんてない」と筆者はひそかに思うことがあります。ことばは生きていて、常に変化していくのです。日本語でも最近のことばはよく分からないことがあります。でも、ちゃんと会話は成立しています。筆者は教師として全力で学生・生徒さんたちの学習をサポートしますが、実際の会話では細かい文法事項などはおおまかな使い方で大丈夫だと思っています。ポルトガル語に関して言えば、人間の女性の名前の前に親しみを込めて定冠詞 a や男性の名前の前には o をつけることがあります。女性の人の前には a 男性の人の名前の前には o です。そのような用法で話す場合では、Maria という女性の名前の前には女性の定冠詞をつけて a Maria ですし、男性の名前の前に男性の定冠詞をつけて o João となります。しかし、女性の人の名前の前に o をつけても間違いだとはいえないのです。呼びかけの ó がポルトガル語にはあるからです。実際に相手が目の前にいなくても日本語の「あのう……」とか「えーと」などのように単なる意味のないことばとも考えられますし、女性の人の名前を言う前に o で始まる単語のことばを発したけれども、言うのを止めたかもしれませんし、実際、ネイティブはよくこのような話し方をします。ですから、会話のことば遣いというのは、文法どおりでないと厳しく間違いだと指摘するのはよくないし、話せるようになる芽を摘んでしまうと思うのです。筆者が拓殖大学オープンカレッジでブラジル・ポルトガル語会話の教員をしていていつも思うのは、皆さんは話せるのですが、考え過ぎで詰まってしまい、また正確に話そうとしすぎて話せないとか、たどたどしくなるとか、自信がなくなってしまうのでしょう。男性の人の名前の前に女性の定冠詞をつけたからと言って変でもないし、間違いでもないのです。もしかして、日本語の「あー」ということばを言っただけかも知れませんし、a から始まるポルトガル語が浮かんで話し出したものの、やはり途中で止めたかもしれません。ですから、会話で間違いだと

指摘してはいけないのです。誰が、どういう理由と基準で会話文を間違いだと判断するのかという問題は実はとても難しいのです。ただ一つ確実に言えることは、きちんと意味を伝えられるのに、細かい文法にこだわり過ぎて必要以上に間違いに過敏になることはときには有害だということです。だからこそ、ネイティブのように文章を途中でやめて、区切って、話し続けるということができなくなってしまうのです。文法書にあるように、主語からはじまって、最後は文章を締めてピリオドで終わることを目指せば、生きている会話文としては不自然過ぎますし、そもそも人はそのようには話せません。たとえ尻切れトンボであっても、まずは勇気をもって話し出すことがもっとも大切だと思います。

　覚えた名詞だけを口に出して羅列しただけでも意思は通じます。これが会話の第一歩であり、これはこれで立派な会話が成立していると言ってもいいと思います。しかし、日本人はすぐにポルトガル語で「私は話せません Eu não sei falar português.」と言ってしまいます。しかし、学習者の皆さんは実は結構会話力があるのです。例えば筆者にはこんな体験があります。授業中にまったく話せない男性の受講生と、一緒にブラジル料理店に行ったときの話です。私たちがワインを飲んで酔いがまわってきて、すっかりリラックスしたとき、ふと気がつくと、その受講生はそこで働いていた店員のブラジル人と何かペラペラと話していました。これは決して珍しいことではありません。緊張せずリラックスしたときのほうが人は話しやすくなるのです。過剰に間違いを心配しなくなるからです。さらに彼はその後に行った一週間ブラジル旅行後はますます自信がついたようで、授業中に覚えた短い質問の仕方などを応用して会話ができるようになっていました。一年後には必ず何かが話せるようになるのは筆者の授業での目標ですが、学習に個人差が出てしまうのは、暗記力とともに間違いを恐れてしまうかどうかから差ができてしまうのではないかと思います。

例外はあるのですが、一般的に名詞の語尾が a で終わるのは女性名詞で o で終わるのが男性名詞です。でも単語によって違うのです。「新聞記者」jornalista は、男の新聞記者でも女の新聞記者でも jornalista ですし、「子供」というものは男の子供でも女の子供でも criança ですし、「証人」は男でも女でも testemunha です。いちばん確実な見分け方は辞書を引くしかないのですが、実際の会話ではもちろんそんなことはしていられませんね。どうしても性別を判断したい場合は、jornalista については後ほど述べる冠詞で判断することになるのですが、いっそのこと男でも女でもどちらでもよいと考えたらどうでしょうか？　とてもポルトガル語を考えることが楽になりませんか。どうして男性とか女性とか区別する必要がありましょうか。もちろん、警察官が調書を書いたりする場合など公務員が公文書を作成するときなどは、しっかりと文法性を知る必要があるでしょう。性や数によって名詞はもちろんのこと、冠詞・形容詞・指示詞などすべてを変化させ、一致させなければならないからこの区分は重要です。でも、会話のときはそんなことは、いったん傍らに置きましょう。頭に浮かんだポルトガル語をことばにするために、あえて文法性への配慮をいったん封印しましょう。

　このように考えると、どのような参考書や文法書でも冒頭にページに出てくる女性と男性の文法性の違い、山のようにある例外等、規則についての学習のためポルトガル語が嫌になることから解放されるでしょう。車は carro。家は casa。まずはそれから口に出してみましょう。一度でもポルトガル語を勉強したことのある人は、名詞の性について忘れて会話をしてみてください。いつまでもずっと完全に忘れ放しではいけませんが、リラックスしてポルトガル語の会話を実践するための一つのヒントとして心がけてみるのはいかがでしょうか。

冠詞

英語には the や a とか an とか冠詞がありますが、一体それらはどのように使ったらよいかをはっきり言えるひとは少ないでしょう。ポルトガル語では冠詞は重要ですが、いざ用法を理解して話そうと思うと考えすぎて詰まってしまうことが多いようです。

ポルトガル語の冠詞は四種類あります。すでに話者の話題にのぼっていて限定できる名詞につける定冠詞で男性名詞にかかる o と女性名詞にかかる a があり、限定していない名詞につける不定冠詞では男性 um と女性 uma があり、それぞれ複数もあります。冠詞の変化は名詞の性・数に一致します。

しかし、いくら冠詞の用法を理解していても、またそれを人に説明できるほど暗記していても、いざ会話をする状況になり、長く勉強してかなり話せるようになっても冠詞の間違いはなかなかなくなりません。冠詞くらい会話において厄介なものはないのです。冠詞について筆者は実は名詞の捉え方と似たアプローチを勧めることがあります。文法学習においては真面目にしっかり学習しなければなりませんが、会話場面になれば話は別です。ここで頭を切りかえて、思い切って冠詞なしの会話を勧めることがあります。筆者がある専門学校における警察大学校委託課程でポルトガル語を 20 歳代の警察官に教えた経験から、ポルトガル語をとにかく話すには、まず冠詞をドロップ（脱落）させてみるとスムーズに話しやすくなる、と言ったことがあります。そして、ポルトガル語の勉強に慣れて、会話練習を重ねて十分に話せるようになってから冠詞のことを思い出して、より正確に話すことに気をつけるようにすればよいと言ったことがあります。専門学校での練習の初期の段階において冠詞にこだわりだすと、そこでストップして詰まってしまい話せなくなるからです。実用一辺倒を考えて警察官の生徒に教えた経験から、筆者は『ブラジル・ポルトガル語警察用語小辞典』（国際語学社）を出版

しています。その小辞典は実際は単語帳ですが、まったくポルトガル語の知識のない警察官の方にもなんとか話せるようになってほしいとの願いからつくったものです。事件現場での実践的な会話の手引きとして例文を考えました。「その」車を盗んだとか、「ある」車を盗まれたとか、冠詞にこだわるよりも、まず緊急切迫の警察官の仕事においてもっとも大切なのは、とにかく「車を盗んだ・盗まれた」とポルトガル語で言うことでしょう。そうでないと、悩んでいる間に被疑者は分からないふりをして逃走してしまいます。被害者を迅速に保護することもできません。冠詞を使わないのであれば、指示詞を使えば会話はできます。しかし、指示詞も名詞に応じて性・数の変化がありますが、間違っても通じることばなのです。日本人は文法的に正確に話せないと黙りこくるところがあるので、間違っても話してほしいと思います。正しく話そうという意思はとても大切ですが、話す経験を積まないと会話能力が向上しないのも事実です。間違えるのも練習のうちだと思ってポルトガル語を積極的に試してみてください。細かいことにこだわると話せない、と筆者がいう理由はそこにあるのです。文章を書くときにはそれなりに文法的にも気を遣わなければなりませんが、会話のときは、大らかに考えてリラックスしてください。話すことが一番大事です。黙っていてはことばは身につきません。

　筆者は冠詞を省いて話すことを授業で教えた警察官に勧めたわけですが、会話では冠詞が聞こえてこないことがありますし、あまり冠詞にこだわると話全体が聞き取れなくなります。重要性がないから冠詞を脱落させてみようと言っているのではなくて、日本人は細かいところにこだわる傾向があり、それも特に冠詞にこだわりやすく、それが理由で話せないのであれば、話せるようになるまでは脱落させましょうと言っているわけです。学習者の方には誤解をしていただきたくないのですが、冠詞はとても重要で、決して無視できない重要な役割があります。

Ontem você comprou um livro. O livro é interessante？（昨日、君は一冊の本を買った。その本は面白いですか？）と言えればいいですが、Livro interessante？（面白い本？）でも Interessante？（面白い？）だけでも会話は成り立つのですから、とにかく話してみましょう、と言うよりむしろ、とにかく単語を並べてみましょう。

　一度でもポルトガル語を勉強したことのある人は、定冠詞を意識的にドロップさせて話してみてください。もっとすっきりスムーズにポルトガル語が口に出てくると思います。

形容詞

　参考書や文法書を勉強して進んでいくと、名詞と冠詞の説明のあとは多くの場合、形容詞の説明があります。そこにはたいてい「冠詞も形容詞も名詞の性と数に一致して変化します」という説明があります。これはなかなか面倒です。文法性が二つあり、単数・複数の使い分けにも注意するばかりでなく、それに準じて冠詞・形容詞もさまざまに変化するのですから。大勢の人は、ここでもうこれ以上変化があれば、あまりにも文法が難しすぎて、とても話せないと思ってポルトガル語の勉強を断念してしまいます。勉強していても次から次へと変化表とにらめっこしなければならないと根気が続かず嫌になってしまい、どうしてポルトガル語はこれほど難しいのか、と思われてしまいます。

　真面目な学習者の方ほどついそう思いがちです。気持ちはとても分かります。でも、ここでもやはり意識的に少しだけラフな感じでことばを考えてみてください。外国語は、文法書にあるように正確に話そうと思うととても難しいものです。ポルトガル語もそうです。でも、ネイティブの人でも文法書どおりに話しているわけではもちろんありません。日本人だって日本語の文法書をすべて暗記して文法書どおりに話している人はいません。Aquela moça é muito bonita.（あの女の子はとても美しい）という名詞と冠詞と形容詞、そ

して指示詞までもの一致をすべきという例文があります。主語はmoçaです。女性名詞ですから、指示詞「あの」も女性形aquelaです。美しいという形容詞も女性形でbonitaです。「とても」というmuito副詞も出てきました。もう、この例文を説明しただけで、学習者の頭の中は混乱してしまいます。混乱しなくても、これだけ性の一致があれば大変だ、ということになります。しかも、男性だとAquele moço é muito bonito. となるのですか、と質問を受けたときに、ほかのひとから、muitoは変化しないのですか、との質問も出てきます。muitoは副詞ですから変化しません。副詞はそもそも変化しません、と説明を加えて、教えることが多くなります。教えることが多くなるというより、また多くのことを学んでもらわなければなりません。困ったことに、それも別に困ったことではないですが、muitoは形容詞で「多くの」の意味のときは名詞の性・数の変化がありますので、muitaとか複数のsがつく場合があります。これだけでも、とても多くのポルトガル語の規則、つまり文法を学んでしまいます。女性複数形になるとAquelas moças são muito bonitas. 男性複数だとAqueles moços são muito bonitos. となります。

　これだけのことが理解できているだけでも、かなり自由に話せるはずです。既述のとおり、外国語の学習ではもちろん規則・文法はひととおりきちんと学ばなければいけませんが、それはあくまでことばを理解するための方法で、ことばが規則・約束事だけに縛られたルールの塊と思ってしまうのは行き過ぎでしょう。ことばにはたしかにルールがあります。しかし、自由もあるのです。会話では少しくらいルールから逸脱しても大丈夫です。ちょっと文法ルールをふみはずしても、それは交通規則違反をして問題になるのとは違うのです。文法書にあるように話さなければいけない、というものではないのです。たとえば実際に「あの女の子はとても美しいです」という日本語を話す場合があったとしても、このようなことを言っている人は皆無に等しいと思います。普通、私たちは会話の中では

もっと自然に話します。「あの子、綺麗ね」とか、話題の流れから単に「綺麗ね」だけかもしれません。それで十分に通じるからです。ここに、会話ができるようになる本質があります。この文をポルトガル語にしますと Aquela moça. Bonita. となりますが、これを実際の会話ではもっと簡単に、Bonita だけでも十分に通じます。会話では言い間違いはつきもので、ときには moça が女性であるにもかかわらず、男性の指示詞を間違って使用してしまい Aquele moça と言ってしまうこともあるでしょう。確かにこれは間違いではあります。しかし、これを考えすぎて、瞬時に「美しい」と思うことを表現したいときに、男性指示詞か女性の指示詞かと文法のことを考え過ぎてしまっては、勉強が進んでいるにもかかわらず、会話ができない状態が続いてしまいます。学習では注意深く、でも実践では大胆に話してください。この場合、大切なのは moça という名詞であって、それにつく指示詞が男性であっても女性であっても会話の意思伝達の重要性から言えば大きな問題はないのです。

　会話に間違いはありません。もちろん、意味の通じないことを言っていれば話は別ですが。また、moça bonito と言っても、大切なのは、moça という名詞であって、話題から女の人が美しいと言っていることはわかるはずです。しかも、「ボニート」の「ニー」がもっとも強く発音されるので、語尾までもはっきり聞き取れないこともあります。これも会話でのちょっとしたコツですが、語尾をごまかすわけではないですが、語尾が女性の a か男性の o かよくわからない場合は、語尾を消せば良いのです。ポルトガル語単語の語尾はアクセントがあるような例外を除いて弱音です。その最たるものが、リスボン訛りのポルトガル語です。フランス語に近いと言ったほうが良いくらい語尾の母音が発音されません。いずれ、ブラジルのポルトガル語でも語尾の母音が消えていくかもしれません。

　さて、前出の「あの女性は美しいです」が複数形になると、Aquelas moças são muito bonitas. ですが、サン・パウロでは、papel

の複数は papéis とする傾向が少ないという現実もあります。どういうことかと言えば、複数形をつくらない傾向が大きいということです。ということは、複数のものでも動詞の活用も含めてすべて単数扱いで表現している人が見られるということです。もうひとつ別の例でも確認しておきましょう。Aqueles carros é verde. これは「あれらの車は緑だ」という意味ですが、主語は複数形ですが、動詞 é と形容詞 verde は単数形ですね。このようなことが実際に話されているのです。são と動詞を活用させたり、verdes と形容詞の性・数の一致をさせるのが困難であるからだと筆者には考えられます。本当は Aqueles carros são verdes. が文法書に従ったものですが、文法書のとおりに話そうと思うと、とても難しい言語なのですね。

「ネイティブもことばを間違えるのだ！」と解釈することもできるでしょうが、むしろここは「会話とは実はこんなに自由に話されているのだ」と思ってほしいと思います。気持ちを十分に伝えることが何よりも大切なのですから。皆さんも現地では意思伝達において、何が大切かということを考えなおして会話をするようにしてみてください。きっとスムーズに話せるようになると思います。

指示詞と代名詞

指示詞には単独で主語になり得る指示代名詞と、名詞を修飾する指示形容詞がありますね。しかし、いずれも名詞の性と数にしたがって変化するのです。習い始めたばかりの人が、「先生、どうして、そんなに変化しなければならないのですか？」とポルトガル語学習に嫌気をさして、質問してきたことがあります。言語というのはそれぞれ固有の規則、すなわち文法があって、正確にポルトガル語の構造を理解して、将来、話したり書いたり読んだりできるように、入門書は系統的にまとめてあるのです、と説明したことがあります。そして、ポルトガル語の祖語であるラテン語では、単語に格があって文章のどこにあっても意味が分かるようになっているので

すよ。私も、大学生の3年生のときラテン語を勉強したことがありますが、変化が多すぎて嫌になったことがありました。でも、こういう言語もあるのだと感心したことがありましたと生徒さんたちに説明したことがあります。

　ポルトガル語をはじめて勉強する人は、あまり教員が指示詞や形容詞などの使用に関して、名詞に従っての性・数の変化の厳密な正確な精度を求めすぎると、学習が嫌になってしまって、放り出してしまうという危険性がとても大きくなるようです。まず名詞の性を暗記しなければいけないし、形容詞をつけるのであれば、それも名詞にしたがって変化させなければなりません。動詞の活用（変化）も大変であるにもかかわらず、それに加えて指示詞の変化にも気を配らなければなりません。複数になると、もっと一致させるのが大変なことになります。しかも、指示詞と前置詞、冠詞と前置詞が一緒になるかたち、すなわち縮合形もあるのです。これはひとつの単語とみなしたほうが覚えやすいかもしれません。

　このように大変な変化や一致があるわけですから、筆者の考えとしては、まず慣れるまでは、動詞の活用は単数だけで話してみたら良いと思います。相手の言っていることが理解できるようになって、それでは自分も複数形を使ってみようかと思い立ったときに、複数形に挑戦してみればよいでしょう。なぜならば、相手が複数人いても皆に向かって話していれば、単数でも必要最小限の意思は通じますから。すべてのことを一回で正確に覚えて話すことは、到底無理なことです。

　指示詞もいっぱいありますが、まずは近くのものは男性だろうが、女性だろうが、複数であっても este で、遠くのものであれば、とにかく aquele を使ってみることはどうでしょうか。そして、その指されている名詞の性や数が明確に理解できるようになり語彙や理解が深まった段階で正確性を求めて指示詞をもっとさらにつかってみたら良いと思うのです。複数の s をつけることは簡単だと思いま

すが、名詞の女性、男性を指示詞で瞬時に使いわけることは、かなり難しいです。名詞の単語とセットで暗記するのが一番良いのですが、慣れるまでは本当に難しいです。ここに、学習者がポルトガル語を話せなくなってしまう問題点があるようです。まずは、話すためのインセンチブと思って、規則からはずれていても話してみてください。それが練習であり慣れることにつながり、次にはもっとこれを使ってみようと、意欲が湧いてくるのです。間違ってもまずは話さない限りは、勉強や練習になりませんし、実際にポルトガル語圏でサバイバルもできません。

副詞

Aquele carro anda rápido.「あの車は、速く走る」と言う例文で、副詞について論じてみたいと思います。

日本語で考えると、「走る」という動詞を修飾しているのは「速く」で、これは副詞になります。日本語では「速く」rápido と「早く」cedo とスピードとしての速さと時期的な早さの「はやい」ことを漢字で使いわけることができます。しかし、この日本語の感覚のまま、これと同じだと思って、文法書に説明があるようにポルトガル語の o で終わる形容詞の語尾を a に変えて、それ以外もアクセント記号などをとって mente をつければ、そのまま副詞になると思っていると、理解できなくなることがあります。fácil（簡単な）は facilmente（簡単に）であり、antigo（昔の）は antigamente（昔に）で副詞になることは確かです。しかし、ここが注意点であります。白水社の『現代ポルトガル語辞典』で rápido を引いてみましょう。形容詞と副詞と同じ形です。単語によって mente をつけなくても副詞として用いることができるのです。ですから、冒頭の例文 Aquele carro anda rápido も Aquele carro anda rapidamente もなりたつのです。mente をつけなくてもいいのですかと質問を受けることがあります。「副詞は形容詞の語尾を変化させて mente をつける」と

だけ覚えているのであれば、「速く」は副詞であるのでどうして形容詞が用いられているのかという深刻な疑問を抱く人がいます。このようなときは、良い辞書を引いて、ひとつの単語のパートをすべて読んでみることが必要です。語学の力のある人によっては、すべてを暗記できなくても、「もしかして」と思い出して、その時々に辞書を引きなおして確認することが習慣になっているはずです。

　入門書に書いてあるように、副詞の作り方で mente について、それだけを覚えて満足していては、いつまでも初級のポルトガル語レベルのものの考え方から脱却できないということです。初級から中級に進んでいくためには、いままで随所で述べてきたように、規則にこだわらず、羽目をはずして大胆な発想で会話にチャレンジする必要があるのと同時に、いままで以上に文法に気を配り、辞書をていねいに調べることも必要になってくるということです。

　前置詞

　前置詞は、用法を知っておけば、講読・作文が楽になるだけでなく会話もずっと弾むようになります。会話の内容ではなくて、言い回しが弾むということです。いろいろな前置詞がありますがその中でも特に、a（～へ、～に：方向・場所・時・手段・様式・数量・値段などを表します）、para（～へ、～のために、～に：方向・目的・時間などを表します）、com（～と共に、～で：同伴・付属物・手段・道具・材料などを表します）、sem（～なしに、～しないで：欠如を表します）、sobre（～の上に、～について：空間的上部・題材を表します）、de（～の、～から：所有・起源・手段・材料・題材・時（始点）・場所（始点）・性質・特徴・内容・原因などを表します）などが使えると良いのではないかと思います。

　a と para は方向を表します。しかし、para は「～するために」の意味もあります。Fui ao museu.（私は美術館に行った）Fui ao museu para ver a exposição.（私は展示会を見るために美術館に行った）などです。また、a は短期の滞在、para は長期の滞在のための「方向」を

表すという違いがあります。しかし、これはあくまでも厳密に言えば、のことです。例えば、朝、仕事に行く前に銀行のATMによることが短期滞在で、仕事に行くことは長期とみなされます。このような細かい分類や使い分けについてもっと詳しく知りたい方は、本書の第7章を読んでみてください。

以下、ここで紹介したそれぞれの前置詞の例文をあげておきます。

a

方向：Vou ao aeroporto.（私は空港に行く）、場所：Pode se sentar à mesa.（そのテーブルについてください）

時：Acordei às cinco.（私は5時に起きた）、手段：Vamos à pe.（歩いて行こう）、様式：Quero comer os pratos à francesa.（私はフランス風料理を食べたい）、数量・手段：Isto custa cinco reais a dúzia.（それは1ダース5レアルします）。

para

方向：Quero ir para o Brasil.（私はブラジルに行きたい）、目的：Comprei o livro para lhe dar.（私は彼（彼女）にあげるためにその本を買った）、時間：Para o próximo mês, o trabalho ficará pronto.（来月にはその仕事はできているでしょう）。

comは、「～と一緒に」という意味の前置詞で英語のwithと同じ働きをするものです。semは「～なしで」という意味で英語のwithoutに相当します。ポルトガルやブラジルなどで自力で会話をするといったサバイバルレベルになると、現地でミネラルウオーターを注文するときに、ガス入り（ミネラルーウオーター）com gás、ガスなしsem gás、の指定をしないといけません。外国ではミネラルウオーターにも炭酸入りと炭酸なしのものがありますので、このような場面でも必要になる前置詞です。グループで移動するときなどでも「～と一緒に」行く、というときにも使いますね。

同伴・付属物：Fui à praia com ele.（私は、彼と一緒にビーチに行った）、

手段・道具・材料：Tem que escrever com a caneta.（君はそのペンで書かなければならない）。

sem

欠如：Passei no exame sem estudar.（私は、勉強せずにその試験に通った）

sobre は英語の about です。そのほか「〜の上に」の意味もありますが、「〜に関して」という意味でも使い、これはよく使う言い回しだと思います。仕事でもよく使う「〜の件について」は、Sobre o assunto de (que) ...となりますが、de のあとは名詞または動詞の原形がつながり、de que となると、以下は、主語・活用した動詞のある文章をつなぐことができます。とても汎用度の高い便利な表現です。空間的上部：Vi um livro sobre a mesa.（私はそのテーブルの上に一冊の本を見た）、題材：Quero falar sobre o Brasil.（私はブラジルについて話したい）。

de に関しては、英語の of や from, by などに相当するものとして使ってみてください。

所有：Esse carro é de Paula.（この車はパウラのです）、起源：Eu sou do Japão.（私は日本出身です）、手段：Ela vive de gorjeta（彼女はチップで生活している）、材料・題材：Este livro é de história.（この本は歴史についてです）、時および場所の始（起）点：Ele saiu do Japão hoje.（彼は今日日本を去った）、特徴・特質：Ele gosta de moça de cabelos pretos.（彼は黒髪の女の子が好きだ）、内容：Queria uma garrafa de vinho tinto.（私は赤ワインのボトルが欲しいのですが）、原因：Eu estou morrendo de fome.（私は腹が減って死にそうです）。

接続詞

接続詞も文法書をみると、いっぱい種類があることが分かります。すべてを会話で使うことができればいいのですが、実際は文法書に書いてあることをすべて日常生活で使用できるかと言えば、そうで

もないのです。ましてや、外国語としてポルトガル語を使っている私たちにとって、文法を駆使して多用な表現をするということは、やはり大変です。繰り返しになりますが、文法書はことばにはどんな規則があるのかという、ことばの基本的なルールをまとめて列挙してあるものです。本によっては、かなり細かい点まで文法規則を網羅しているものもあります。学習者としてはひととおり目を通しておくことは必要ではありますが、それをすべて覚えて完璧に活用しようと目標をもつのは、エネルギーの無駄遣いと言っても過言でないでしょう。真面目に学習することはとてもよいことですが、頑張りすぎて完璧主義者になると学習と練習がつらくなってしまいますので、ほどほどに加減しながら学習を長く続けられるようにしてください。

接続詞は、英語の or に相当する ou、and に相当する e、but に相当する mas、if に相当する se、because に相当する porque と、日本語で「それだから」などに相当する表現 por isso などが使えれば、会話が弾みます。ひとつの文章を言っておいて、上記のつなぎことばを使って、また次の文章を言ってみましょう。文章でなくても、単語でもいいです。とにかく、使ってみることです。誤用があるとは思わないでください。それよりも、話し続けるために、e ... とか、mas や porque とかを口に出して、「それで……」とか、「でも……」とか、「どうしてかと言うと」などを話して内容や会話をつないで下さい。語学は間違えることも大切な勉強です。誤ることが進歩の礎になるので、勇気をもって気楽に話してみてください。

動詞

動詞については、活用（変化）が多いのがポルトガル語の特色と言えると思います。しかも、既述のとおり名詞の性と数にしたがって形容詞も指示詞も変化するので、あまりの変化の複雑さに「こんなことばが話せるようになるのか……」と嘆く学習者の方も少なく

ありません。中にはせっかく1年以上も学習しても何も話せず、理解できないと悲観して継続的な学習を止めてしまう人もいます。しかし学習を途中でやめてしまうことほどもったいないことはないのです。初級の学習用教材で、ポルトガル語の構造や規則を半分以上、7割から8割学習したにもかかわらず、自分でできないと判断するのは早計に過ぎます。絶望感にとらわれてしまった人は自分ひとりで悲嘆にくれて学ぶことをやめてしまう前に、必ずポルトガル語の先生に相談をしてほしいと思います。適当な相談相手のいない人も、性急に学習をあきらめずに、立ち止まって考えてほしいと思います。この小著がそんな方のお役に立つことがあればという願いも筆者がこの本を書いた理由の一つです。学習は途中でやめるくらいなら、むしろペースダウンしていい意味で「おおざっぱ」なゆっくりしたペースで学び続けてほしいと思います。

初級においてすら、もう動詞の活用はとても複雑です。一人称単数、三人称単数、そして複数、それも現在、完全過去、不完全過去、過去未来、未来、近接未来、大過去（完了過去）、現在完了（複合完全過去）、受身、そして、ほとんどの入門書には最後に命令形や不安、希望などを表すときに用いる動詞の変化の接続法現在が紹介されていますね。動詞の時制の問題は、実に複雑なものです。ここで整理しておきます。一つの動詞の原形 ser の一人称単数だけをみても、現在は sou「～です」。完全過去は fui「～でした」、不完全過去は era「～していた」、推量や過去から見た未来を表す過去未来 seria、未来 serei を表すにも英語でいうと be going to に相当する近接未来 vou ser もあります。過去には過去のある時点よりももっと過去を表す大過去（完了過去）tinha sido、ポルトガル語では継続のみを表す現在完了 tenho sido などがあります。

これだけのことを学んで単語や熟語も暗記していかなければならないのですから、むしろ理解できないことがあるほうが当たり前です。学習したすべての言い回しができないから、自信がないからと

言って止めるのは見当違いです。実際に、これだけの動詞の時制を正確に言えれば、実にさまざまなニュアンスや違いも表現できます。学習したすべての文法・単語を駆使して、理解できなければ学習に失敗したことになるというわけではないのです。

　筆者の教育経験から、体系的にすべての文法事項には触れておいたほうがよいけれども、実際には、現在、完全過去、近接未来にしぼって会話練習に臨んだほうが、混乱が避けられると思います。動詞によっては、完全過去よりも不完全過去のほうが多く使われたり、使いやすいものもあります。完全過去と不完全過去の違いは、微妙な点に至っては違いが明確でなく、最終的には話者の自由な使用方法によるものではないかと思うのです。ある一時点で完了した完全過去が点の過去、継続的な過去を表す不完全過去は線の過去といっても、たとえば20歳の人が人生における一年間を一点の過去と見るか、継続的な線の過去と見るかは、話の内容や話者の主観に左右されるからです。

　筆者は学生のときは、動詞の変化を九九の学習のようにすべて覚えました。またそうしなければ単位がとれませんでした。そして、現在教員として教えている立場からの考えですが、まずは初級会話では現在、近接未来、完全過去とせいぜい不完全過去のみに限って学習と練習して慣れて定着させるのはどうでしょうか。上述のように、一つの動詞の一人称単数だけでも動詞の時制によって複雑に変化するのですから、習ったそのときからそれまでの学習内容すべての時制や単語や表現を駆使して話すことは、かなり困難であると言っても過言ではありません。ですから、もっと極端なことを言えば、現在、近接未来、完全過去、そして動詞によって不完全過去などを紹介しながら、これだけの時制の範囲内の初級会話教科書が必要であり、その範囲内で語彙を増やしながら練習することが最も現実に即した学習方法だと筆者は思っています。そして中級で残りの動詞の時制を学習しながら、初級会話を継続練習して慣れていくの

が理想でしょう。つまり、ポルトガル語の「継続」学習とはどういうことかを筆者の教員生活の中で考えてきましたが、種々の教科書における盛り込みすぎと思える動詞の時制の取り扱いと現実の受講生の反応をとおして上述のような考えを抱くに至ったのです。その考えを反映させたのが三修社から刊行された拙著『ゼロから話せるブラジル・ポルトガル語』です。英語の may に相当する poder や know にあたる saber、want に相当する querer など以外は、現在と完全過去しか会話例文で取り扱っていません。受け身も本書の受け身の項目で取り扱ったように、言い換えを解説しています。

関係詞

　関係代名詞や関係副詞など、名詞や文章をそのまま修飾してしまうと、文章も長くなって、いかにも話しているという感じが得られて、学習者にとっては満足感が得られる会話ができます。しかし、しっかり英語の関係詞が理解できてないと確実に理解して使いこなせないのが実情です。ポルトガル語でも事情は同じで、関係詞を間違いなくきちんと使おうと思うとなかなか大変です。しかし、あまり深刻に考える必要はありません。確かに関係詞は文法としては存在しています。しかし、これを使わないと意思が通じない、表現できないということはありません。たとえば、「これが私の住んでいる町です」だと、Esta é a cidade onde（em que）eu moro. が確実にそのままの日本語のニュアンスを伝えている関係詞を使ったポルトガル語だと思います。しかし、関係詞を使わずもっと簡易に以下のようにも言えます。Eu moro nesta cidade. ニュアンスはちがいますが、これも「私は、この町に住んでいます」という意味で会話の中で使えるフレーズになっています。

　日本語をそのままポルトガル語に訳して話すのではなく、多少ニュアンスを変えてでも、これまでに習った基本的なポルトガル語の構文で自分の言いたいことを手短に話すことからはじめましょう。

すでに初級を終えているのに会話につまった人は、たいていの人がものすごい難しく日本語をそのままポルトガル語で訳して言いたがっています。

意識改革をして、まずはとてもシンプルに話すことからはじめてみましょう。「もっと濃いコーヒーが欲しかった」Eu queria um café mais forte. は、関係代名詞 que を使うと Eu queria um café que é mais forte. となります。「そのコーヒーはおいしくなかった」と言いたいのであれば、Esse café não foi bom. →「すきではなかった」Não gostei. と言いましょう。それが、スムーズに言えるようになってから、辞書を引いたり、言い回しを考えて、いろいろな表現などを教師に聞いてみるのが一番良い方法です。

この方法は、ニュアンスが正確に伝わっていないと批評をする人もいるでしょうが、まず何でも習った範囲内でスムーズな会話ができるようにするためには、言いたいことのニュアンスを変えて練習して慣れることは有効だと思います。

疑問詞

会話練習には、疑問詞を覚えて適切に使用することが大切です。これができれば会話が成立します。何を聞くかという判断は、会話能力とはまた別の能力でしょうが、ポルトガル語会話習得のためには疑問詞の適切な使用は大切で必要です。前述の、日本語のニュアンスを変えてでも既習の構文で言いましょうというのもとても大切なことです。

疑問詞には、疑問代名詞（que, quem, qual, quanto）、疑問形容詞（que, qual, quanto）、疑問副詞（onde, aonde, donde, quando, como, por que）と分類されます。ですから、これらをまとめて疑問詞と呼びます。疑問詞で始まる文章の語順は、基本的には「疑問詞＋動詞＋主語」ですが、必ずしもすべての文章がそうではなくて、「疑問詞＋主語＋動詞」となっている場合もとても多いです。

疑問代名詞の que「何？」は、定冠詞を従えた形 o que「何？」のほか、前置詞とともに目的を問う形 para que「何のために？」、その他に de que「何の？」の形があります。とても頻繁に使われますので、会話の内容を豊富にするためにも覚えて使ってみてください。例文を少しだけあげておきます。O que você gosta de fazer？「君は、何をするのが好きですか」、Para que você esteve no Brasil？「何のために、君はブラジルにいたの」、De que ponto ela está zangada？「何の点で、彼女は怒っているの」

　疑問代名詞の quem「誰？」は、前置詞をともなって、de quem「誰の？、誰から？」、para quem「誰に？」、com quem「誰と？」の形があり、とても豊かな表現ができます。この前置詞をともなった表現がとても多用されていますし、便利ですから是非使って会話をしてみましょう。Quem é ele？「彼は誰ですか」De quem é este carro？「この車は誰のですか」、Para quem eu tenho que fazer isto？「私は誰にそれをしなければならないのですか」、Com quem você foi jantar？「君は誰と夕食に行ったのですか」。

　疑問代名詞 qual は、数の変化のみがあり quais となります。選択を表します。「どれ、何、誰」と訳す場合が多いです。Qual é a sua casa？「あなたの家はどれですか」というように、複数の家があるときに、どれかを尋ねるときに用います。O que é a sua casa？でも通じますが、この場合に o que を使うと、casa の定義、意味そのものを問うことになり、あまり意味をなしません。また、選択疑問文の本質をなす例文が、Qual é a sua profissão？「あなたの職業は何ですか」です。職業は人によって違い、いろいろあります。そのうちのどれ？　ということです。また、O que é a sua profissão？でも通じますが、この場合も、職業の定義、つまり職業って何のこと？などと尋ねることになり、正式には意味をなしません。

　疑問代名詞 quanto は性・数の変化があります。quanto, quantos, quanta, quantas とあとに続く名詞によって変化します。人や物の数・

量について尋ねるときに用います。Quantas pessoas?「何名ですか」Quantos carros você tem?「君は、何台の車を持っていますか」

　疑問形容詞のqueは「何の?」、「どんな?」という日本語になります。Que livro é este?「これは、何の本ですか」Até que página você leu?「何ページまで君は読みましたか」

　疑問形容詞のqualは、「qual+名詞」の形で、名詞の数に一致します。「どの〜?」の日本語が多いです。Qual computador pessoal é americano?「どのパソコンがアメリカ製ですか」

　疑問形容詞のquantoは、「quanto+名詞」の形で、名詞の性と数に一致し、人や物の数量について尋ねるときに用いられます。Quantas vezes você esteve no Brasil?「君は、何回ブラジルに行ったことありますか」

　疑問副詞のonde「どこ?」は、前置詞を伴い、多彩な表現ができます。Onde você mora?「君は、どこに住んでいるの」日本語から判断すれば、現在進行形にならなければならない気もしますが、morarという動詞は、進行形にしなくても、進行形の意味が出ます。一時的にある場所に住んでいて、転居することが明確な場合には、この動詞を進行形として使えます。a+onde=aondeとか、para ondeの形で、「どこへ?」の意味でよく使われます。Para onde você vai? De ondeが縮合してDondeの形で「どこから?」も用いられます。De onde você é?「君はどこ出身ですか」Donde eles vieram?「彼らはどこから来たのですか」Até onde vamos?「どこまで私たちは行きましょうか」この文章は、ニュアンスは違いますが、Para onde vamos? Aonde vamos?も使えます。

　疑問副詞のquandoは、時について尋ねます。日本語では「いつ」です。Quando o restaurante vai abrir?「いつそのレストランは開くのですか」até quandoで、「いつまで(に)」という意味を表します。Até quando eu tenho que apresentar o relatório?「いつまでに私はレポートを提出しなければなりませんか」desde quandoで、「い

つから?」という意味を表します。Desde quando você permanece no Japão ?「いつから君は日本に滞在しているのですか」

疑問副詞の como は、「どのように？」の意味で、状態、方法、理由を尋ねます。Como vamos até lá ?「わたしたち、むこうまで、どうやって行こうか」

疑問副詞の por que は、「なぜ？」の意味で、原因、理由を尋ねます。Por que você faltou ao trabalho ?「どうして君は仕事を休んだのですか」faltar a...「〜に欠席する」この文章は、Você faltou ao trabalho. Por quê ? とも言えます。単独で用いると que が強く発声されますので、Por quê とアクセント記号がつきます。答え方は、「なぜならば」の意味の porque から始めるのが基本ですが、日本語でも「なぜならば病気だったからです」とは言わずに「病気だった」などといいます。ですから、Porque estava doente. でもいいし、単に Estava doente. だけでもいいです。

多彩な会話ができるように、上記に紹介してまとめた疑問詞を覚えて使ってください。

受け身

読者の皆さんは受け身と言えば、高等学校までにならった英語を思い出すかと思います。「〜は〜によって〜される」という文型ですね。ポルトガル語で受け身といえば、「動詞 ser+ 過去分詞 +por+ 人」という構文を思い出す方も多いでしょう。動詞は語尾が基本的に -ar, -er, -ir で終わり、それぞれ過去分詞の規則変化は -ado, ido, ido ですが、性と数の変化があります。形容詞としても使われます。

過去分詞には動詞によっては不規則なものがありますので、受け身を使おうと思うとこれを覚えなければなりません。たとえば、abrir（開ける）だと aberto となります。これは店やレストランが開いている、という形容詞にも使える重要な単語です。しかし、文法書にのっているすべての過去分詞を覚えて活用できるかと言え

ば、最初からは無理ですので、fechar（閉める）は fechado, fechada, fechados, fechadas（閉まった）、abrir（開ける）は aberto, aberta, abertos, abertas（開いた）と覚えればいいですね。これは形容詞としても使いますので、そのときは性・数にあわせた変化が必要になります。fechar と abrir の変化を覚えることは過去分詞の不規則変化と性・数に伴う変化を理解するための格好の例でしょう。是非、覚えてください。

　日本語にももちろん受け身表現はたくさん使われています。「殺される」とか「殴られる」とか、「盗まれる」など、もっともらしくポルトガル語に訳そうとすれば受け身としなければいけないような日本語があります。しかし、実際問題としてポルトガル語会話の最中に瞬時に動詞を変化させ、過去分詞も変化させることができましょうか？「殺された」となれば、過去形にしなければなりません。会話中に自然に受け身表現を使うのはなかなか大変です。

　しかし文章を読もうと思えば受け身の理解は非常に大切なものです。受け身は、新聞や雑誌、文学作品を読んでいると、よく見られます（「見られます」も受身ですが、ポルトガル語にすれば、「出てくる」とか、「ある」と訳せばよいでしょう）。しかし、会話で受け身を使うのは困難でありますから、さしあたっての会話の実践では三人称複数を受け身の代用として使えばすんなりと言えますし、考え込む必要はないです。たとえば、Foi matado.（（彼は）殺された）よりも Mataram（（だれかわからない彼ら）が殺した）とか、同様に Bateram.（殴った）とか Furtaram.（盗んだ）などです。受け身は、主に過去形で使われることが多いので、三人称複数過去形を覚えて練習してみましょう。授業では、受講生はいろいろ頭をひねってポルトガル語の受け身を言おうとしてつまりますが、そのときに、筆者はいつも「三人称複数」を使いましょうと言います。学習者の方はまず受け身は文法の知識として持っていればよいと考え、いかにスムーズに話せることを目指すか、という目標のもとに、会話ではあえて受

け身を使わないというのも妙案だと思います。もちろん、すんなりと受け身表現が口頭で言えればそれでもいいですが、大方の人は受身を作ろうとすると文法のことが気になってしまい、どうしてもことばにつまってしまいます。

教科書には、以下のように書いてありますね。

ポルトガル語の受け身は、「ser+ 過去分詞（性数変化します）」です。以下、例文をもとに考えましょう。ちょっと物騒な例が続きますが、「財布の盗難にあった」というショッキングな例から考えてみましょう。

現在形は、A minha carteira é furtada.（私の財布は盗まれる）となります。しかし、読者の皆さんもすでに気づかれたように、このような文章は日常生活でも小説のなかでも非現実的で使用されません。使用されるならば、過去形になります。すると、A minha carteira foi furtada.（私の財布は盗まれた）となります。しかし、これでもまだ実用的な例文ではありません。場所、時間や人を入れる例文がより実際的となりましょう。Por volta das 4 horas da tarde, a minha carteira foi furtada nesta rua.（午後4時頃、私の財布がこの通りで盗まれました）という例文が成り立ちます。しかし、実際に男が盗んだことが確認できていたのであれば、こっそりと盗むという動詞 furtar ではなくて、roubar のほうが良いかもしれません。このような例文が咄嗟に口に出るには、現地に1、2年ほど住んでいたり、相当な語学の勉強量が必要になります。

それでは、初心者にとってはどのような短い例文が覚えやすいでしょうか。筆者としては、「私の財布が盗まれた」という日本語は受け身で使わないことが一番早道で、言いやすいと思います。会話では受け身を使うなとまでは言いませんが、三人称複数の動詞の変化で、主語の省略をすれば、この種の受け身は表現できます。Furtam a minha carteira.（（主語のない誰かが）私の財布を盗む）。それが過去形になれば、Furtaram a minha carteira. Roubaram a minha carteira. 実際に盗んだ人が、単独犯であろうが、複数犯であろうが、これで自分の財布が盗まれたことを意味します。そして、ここで定冠詞をつけるかどうかの問題です。自分の財布ですから、定冠詞 a が必要です。しかし、ここで文法にこだわって、正確に話そうと考え込んでしまい、財布は女性名詞だから定冠詞 a がついて、所有形容詞は minha になるはず等と考えていて、会話はなかなかできません。そこで、ここはあえて「大雑把に表現する」方法を考えてみてください。動詞の変化をさせずにまた所有形容詞も男性形を用いて Roubar meu carteira. と堂々と間違えた文法で話しても通じます（正確には Roubaram a minha carteira. です）。それよりも、正確に話そうとして悩んでしまい、つまったり、黙っているよりは、単語を口に出すことが大切です。本や教室で学んだ正しいポルトガル語が実践で使用できればよいのですが、実際はいろいろな間違いの体験などを積み重ねて、上達して、そしてやっと正確さへ近づくことになるのです。

接続法

　願望、不安、不確実などを表す接続法も動詞の活用（変化）があります。まったく外国語というものは大変で、いつまでたっても変化や活用がついてまわりますね。残念なことに中にはこんな変化のあることばは話せないと言って、接続法の学習でポルトガル語学習を挫折する人が多くありました。しかし、学習を急ぐあまり、逆にやる気を失ってしまうことほど残念なことはありません。ややこしくて、また覚えられないなら、文法知識として触れたあとに、慣れるまでは接続法なしで会話をするのもいいと思います。実は、会話に関しては接続法を使わなくても会話ができるのです。

　丁寧な命令形は、接続法現在を使うと入門書にも書いてあります。Fale（話してください）と言えればそれでいいのですが、筆者は命令形などは、現地で使ったことがありません。「Pode+ 動詞の原形」

で表現して、依頼の形で代用していたからです。これからも命令形は使おうとは思いません。もちろん使っても構わないのですが、この例からも会話というものは自由なのだということが理解できるかとも思います。

　そのほか、接続法現在の例文として、いつも言っている文があります。それは、Quero que とくれば、que のあとの動詞は接続法の動詞変化になります、ということです。「私は、君にもっと勉強をしてほしい」という日本語の文は、Quero que estude mais. 等のポルトガル語になるでしょう。文法や作文、翻訳の授業などで、ニュアンスをしっかり伝えるためには、接続法を使うことが必要になってきます。しかし、動詞の変化を覚えきれなくて接続法の文章が使えない、とか嫌いな人は、個人的な自由な会話を目指している筆者の意図からすれば接続法を使わなくても、意思は十分伝えることができるということをいつも言っています。これまでは、文法書にある形式を使わないといけないように思われてきたところがあり、そうでないとダメなような面もありました。しかし、表現は自由です。上記のポルトガル語文は、Pode estudar mais. とか Tem que estudar mais. と言い換えることの可能な文なのです。ことばは生きていますから、言い換えや代用が可能なのです。

　繰り返しになりますが、実際の会話では文法を気にしすぎて黙りこんでしまわないようにしてください。その際はあえて文法をやや無視してもいいので、会話を続けてください。文法はことばを理解するためのルールではありますが、法律ではありません。交通規則違反とかのように、文法違反なんてものはなくて、罰金もありませんよね。多少ニュアンスは変わってでも既習の範囲内で言える表現をするように心がけてください。会話は多少つまってしまうと、いくら難しい文法を使っていても話すのが下手だとか、慣れていないと思われてしまいす。まずは、既習の範囲で慣れることです。ポルトガル語に慣れてきたら、接続法の例文が言えるようになります。

学習1年目で接続法を理解して使えるようになるのはとても困難なことだと思います。結局、2年か3年やっているうちに身につくものだと思います。

反実仮想

どのような言語でも学習がすすむにつれて、文法が高度で内容も複雑なものになります。そして残念なことに多くの学習者が難しいといってやめてしまいます。これは、どうしてでしょうか。

英語の文法書でもそうですが、最後に仮定法や条件文などが出てきて、日本語で考えてもいやになるような例文が出てきます。確かにそのような例文が使えればそれにこしたことはないのですが、実際は、「もし私に金があったら、あの車が買えるのだが」とか、「彼はあたかもブラジル人のようにポルトガル語をうまく話す」「もし、私が鳥であったら、あの空が飛べるのだが」というような例文を日常生活で会話として使う機会はごくまれです。文法の学習教材と、会話のために必要な文法は違うので、教科書では意図的に日常ではあまり使わない文も入っています。教科書の例文はときに不自然なほど難しく感じることもあるでしょうが、そこに紹介されているような文法は存在しますし、翻訳したり、厳密にニュアンスを伝えるときには必要になるので学習の必要はありますが、実際の会話では、より簡潔なポルトガル語に瞬時に言い換えようとすべきである、というのが筆者の主張したいところなのです。実は、本書をつくった理由もそこにあるのです。長い、複雑な文法の例文を会話の例文のページに掲載すると、勉強する人はだんだんといやになります。会話のフレーズは短ければ暗記しやすいし、言いやすいです。格好よく、気取って長い文章を言ったりしようと思えば、2年間くらいの海外留学を体験しなければなりません。このことは、学習者は意識しておいてもいいでしょう。ですから日本の教室ではじめて勉強する場合は、日本で2年くらいかけて、文法書は文法書として自分

で通読して、会話は会話で難しい文法を使って会話をしようとせずに、まずは必要最小限の単語や言い回しを覚えて、慣れることです。慣れることによって、同じことを言っていてもスムーズになります。それを目指すべきです。スムーズに言えることがペラペラであり、高度な文法を使用することが、ペラペラなのではありません。

　このことを押さえたうえで、ここでもう一度「私にもし金があったら、あの車が買えるのだが」の問題に戻りましょう。日常生活でこういうことを言う人もいるでしょうが、これをそのままポルトガル語で言おうとすると、接続法を使わなければならないので、ややこしくて言えないということになります。もちろん外国語大学の学生はテストに出るので、このような代表的な例文は丸暗記していますので、あとは単語を入れ替えて反実仮想の表現も言える学生もいるでしょう。覚えないと単位がとれないから必死です。しかし、この日本語は「あの車が買いたい。しかし、金がない」と表現してはいけないことはないです。このように言い換えてそれを問題にする人がいるでしょうか？　ポルトガル語のわかる人がそばにいて、通訳がそばにいてチェックしていて、しっかりニュアンスを伝えていないなど、本質的でないことをあえて問題にする場合も稀にはあります。筆者もそんなことを言われた経験がありすっかり閉口したこともありましたが、現実には易しく言い換えたってまったくかまいません。そうしなければいつまでたっても話せません。会話の流れを乱さずに捉え咄嗟の真剣勝負のときに、通訳者のことを批評したり、直訳でなければ誤訳であるかのごとく間違った直訳至上主義を主張するほうがおかしいのです。たとえば Se eu tivesse dinheiro, eu poderia comprar aquele carro.（もしも私に金があったらあの車を買えるのだが）という文も、次のように言えます。Eu quero comprar aquele carro. Mas eu não tenho dinheiro.（私はあの車を買いたい。しかし、私は金をもっていない）。

　もちろん、いくつもの例文を暗記して勉強するならば、それにこ

したことはありません。正確にニュアンスまでも伝えることができます。しかし、すべての人が外国語大学の学生のように、朝から晩までポルトガル語基礎演習、文法、購読、会話、文学、歴史、文化とポルトガル語学習に浸かっているわけではありません。ですから、文法書（外国語大学の学生に向けられたような内容）の文法をそのまま日常会話に用いて表現するのは難しいし、また、いきなり会話の例文集のように話そうとしても難しいのです。そのことを読者や勉強する人に理解してほしいのです。「彼は、あたかもブラジル人であるかのようにポルトガル語をよく話す」これも、筆者の20年前の暗記によると、Ele fala português muito bem como se fosse brasileiro.（「como se+接続法過去」で、あたかも〜のように、という表現になります）ですが、実際に話すときはもっと簡単に Ele fala português muito bem como brasileiro.（como はここでは「〜のように」の意味です）でいいのです。「もし、わたしが鳥であったならば、あの空が飛べるのだが」という文もいまだにテキストで見かける例文です。文法の勉強のためといえども、このような文はなかなか現実で使う場面はないでしょう。Se+ 接続法過去の表現で、もし私が〜であったならば、と動詞の変化を考えなければなりません。fosse という ser 動詞の接続法過去を暗記できてなければ、いくら考えても口が開きません。そのような仮定法を考えたくもないほどです。これは、鳥のように飛びたいと言い換えて、「〜のように」にあたる como を用いて、Quero voar como aves. でいいのです。人間の頭に浮かんだ言いたいことは、これまで習った重要動詞と単語を駆使するだけで話せます。そのためには、簡潔な短文を使い続けて慣れてください。それが、「ペラペラ」なレベルに達するための確実な方法です。

　筆者は研究として文学・歴史を専攻し、職業としては語学教師として長年、ポルトガル語を教えてきましたが、実はそれ以外にも法学を勉強しました。すでに大学を卒業したのち、改めて別の大学の法学部の通信教育を受けて卒業しました。法学も興味深い学問です

が、きちんと学ぶとなると、やはり大変です。民法は一つの民法だけではなく細分化されており、他にも商法に会社法や商行為法もあり、刑法も1と2があり、教科書を受け取ったときには呆然としました。4単位ものならば、四つの設問に答えて四つのレポートを出し、全部合格してから、大学に単位認定試験を受けにいかねばなりませんでした。実際にスクーリングにいき、そこでも試験をうけて単位をとることが要件でした。卒論も書きました。それでも2年で卒業できたのは、筆者が完璧な文系の人間であったことを証明するものでしょう。しかしどうしていまここで、筆者が30歳後半頃の法学部卒業の話をご紹介したかというと、分野こそ異なりますが、一つの学問を効率よく学ぶコツを見出せる点でポルトガル語の学習に繋がってくると思うからです。何でもかんでもできるようになろうと思わないことです。突き進めば奥が深すぎて、やればやるほど深みが見えて、ゴールがないからです。ポルトガル語会話については、よく使う動詞の現在形、完全過去形、そして、近接未来形を駆使するだけで会話ができますので、まずそれに慣れることを目指したほうが良いと思います。動詞の用法を理解暗記して単語を入れ替えることです。それだけを覚えてブラジルに赴任しても、サバイバルできます。ごく基本的なことをちゃんと理解して、十分に慣れてから、不完全過去などの他のことに手を出していけばよいです。文法書の後半にあることはひとまず知識として理解しておいて、自分が話しかけられたときに思い出せば良いのです。慣れてきてから、自分も使えば良いのです。

　最後にくれぐれも誤解のないようにもう一度、念のために言いますが、これは文法を軽視しているわけでも何でもありません。日常での日本語会話を考えてください。日本語の文法どおり、新聞や文学作品に書いてあるような文章をそのまま日常会話で使っていませんね。文法はきちんと学ばなければならないものですが、しかし、

文法書は構造や規則をまとめたもので、それを使わないといけないというものではないのです。どんなときでもいつも咄嗟に正確なニュアンスが言えるはずはないとの思いから、学習者の方には、まだ学習段階にいるうちから無理をする必要はないし、必要とあらばときには規則違反も堂々とやって、とにかくことばに慣れていきましょうとおすすめしたいと思います。

　さて、これで筆者の会話法についての見解はご披露できたと思います。こんな筆者は、いつか新しいタイプの文法書を出したいと思っていたのです。それが本書です。読みすすむうちにどこが違うのかわかっていただけると思います。

第5章
ポルトガル語の授業
―― 話して、聞いて、質問しまくれ！――

-1-

　筆者の中級の授業では、入門・初級で習ったことを定着させながら、言語構造を見ていき、ひとつでも新しい単語や言い回しを確認したら、覚えていきます。それに加えて自発的な会話を刺激して、最終的にはフリートーキングができれば良いと筆者は思っています。その一環として筆者が編み出して、好評を得ている授業法は、Como passou？（どう過ごしましたか）Tem novidade？（かわったことありますか）と問いかけて、答えが短いものであっても、疑問詞を駆使して質問をたくさんして、会話を「無理やり」成立させる方法です。会話は、自分が独り言をいっていても成立しません。相互の積極的な働きかけが必要です。そして、ときとして会話全体の流れをあえて変えてまでも自説・持論を述べなくてはならない場合もあります。会話はとても多様なので、ある一定の型にはまった会話練習だけでは実際の会話にはうまく馴染むことができません。もしかしたら、ケンカや口論になったり、相手の発言にかぶせるようにして議論しなければならない場合もあるかもしれません。しかし、日本人は会話に割り込む、ということが概してうまくありません。筆者自身、議論は遠慮するタイプの人間です。熱してくると、ケンカになるからです。ケンカにはならないにしても、ラテン系の人は激情型の人もいるので、話していてケンカをしているので

はないかと思うほどの力の入れようがある場合があります。しかし、人によっては、とても物腰の柔らかい、優しい音調で話す人も当然います。会話のかたちだけではなく、話し相手の性格や状況によっても会話はどんどん変わっていきます。筆者は、会話は質問をしない限りは一方的に終わると思っていますので、授業の練習としては、この「話して、聞いて、質問しまくれ！」法を採用して、好評を得ています。

　中級の会話の授業では毎回 Tem novidade？（変わったことありますか）とか Como passou？（どう過ごしましたか）と切り出します。受講生の中には、Não tem nada.（何もない）と答える人がいます。これでは会話の練習にはなりません。そこで筆者は、Não fez nada？（何もしてないの）O que fez nesta semana？（今週何したの）と聞きます。O que comeu？（何食べたの）O que bebeu hoje？（今日は何を飲んだの）台風が翌日に来そうであれば、天候のことも聞きます。とにかく、聞いて、聞いて、聞きまくれ！方式です。このときに、答えるときの表現も指導します。このようにして、受け答えの訓練をします。これを一年間続けます。1回目の授業と最後の授業では、質問のレベルは一定です。質問のレベルを上げ、どんどん難しいことを聞くということはしていません。毎回同じことをやっているかもしれません。

　しかし、最初は片言しか話せなくて、少し寂しい受け答えであった人も、最後には慣れてきて、ある程度は会話らしくなっているのです。この方法で受講生が慣れ会話力が上達する、スムーズになる、ということです。教員はその手助けをしているのです。全員が一定のレベルまで上達すれば、教員は司会に相当する役割にまわり、単語や表現を説明して、少しアドバイスをし、受講生の発言などを板書するということもあります。しかし、これまでできるようになるには、まれなことですから、いまのところは教員がすべてをやっています。

一年間続く授業期間中、毎回同じように、「今日はスーパーに行った」ということを Hoje, fui ao supermercado. と毎回言っても、1回目の授業と最後の授業とでは、スムーズさと自信が違ってきます。これが上達しているということです。ある人は、10回、20回、と進むにつれて、かなり高度な授業内容になるのではないかと、中途受講を怖がることがあります。しかし、1回目も最後の授業もレベルは一定です。教師が授業内容をレベルアップするのではなく、受講生が慣れることによって、受講生のレベルが上がるのです。

　さて、Fui ao supermercado. と言って、返答がストップした人の場合は、どうしましょうか？

　ここからが、教員の腕の見せ所で、教員は日頃から受講生に会話法や表現を示して、授業に参加している人に、質問の仕方や答え方の表現を披露します。もちろん、初級の授業で文法体系全体を見て、過去形などをしっかり勉強してからのことですが。

　まずは、Onde tem o supermercado？（どこにスーパーがあるの）と場所を聞く表現があります。

　以下、Fui ao supermercado.（私はスーパーに行った）の一文に関しての、質問をあげます。

　1　Onde tem o supermercado？（どこにスーパーがあるの）
　2　Como foi？（どのようにして行ったの）
　3　O que comprou？（何を買ったの）
　4　Quanto custou？（いくらしましたか）
　5　Acha que é caro ou barato？（安い、それとも高いと思うか）
　6　Gostou disto？（買ったものはよかったですか）

Fui ao supermercado. としか言えなかった人に対して、もっと話してもらうためには、身近な話で問答する練習を繰り返すという、この方法がもっとも有効だと思います。この練習をある程度繰り返すと教員と受講生との会話ではなくて、受講生同士の会話に移行します。個人差はありますが、初級会話の後半の授業では以下のよう

な会話が成立して、教室の中で笑いがあったことがあります。

渋谷のブラジルレストランで、初級と中級の会話のクラスが合同で「1年間の授業、お疲れ様でした会」をしたのですが、籤引きで席を決めて座ったところ、あるテーブルでは話が弾んでいたのを少し離れたところの人が見ていて、翌日の授業で、Como foi o homem em frente de você?（君の前の男性はどうだった）と詰まりながらも質問しました。すると、Acho bonito（イケメンと思う）などと答えていました。少しずつでも自分の力で会話ができるようになると、やはり楽しい雰囲気になるのですね。

仕事の都合で最後はあまり授業に出席できなかった人が、飲み会やお食事会に限っては一番に来て、座っていることがあり、誰かがフリートーキングで Quando cheguei no restaurante, ela já estava (sentada).（私がレストランに着いたとき、彼女はすでに（座って）いた）などと言って、爆笑したことがあります。そんなことがどうして面白くて笑いを誘うのかと思われる人もいるかもしれませんが、実際にそういう共通の話題のある人ばかりの集まりの中でのフリートーキングでは、皆が友達になって面白いものなのです。

まったく会話ができずに、ゼロから始めた初級会話クラスとしては、驚くべき進歩であり、教員としては上達を目にしてうれしいことです。このように上達する人に共通して言えることは皆、まじめに勉強していることに尽きます。特別な才能や長期留学は語学上達の絶対条件ではありません。異常なガリ勉をしなくても、自分のペースでまじめに勉強していれば、必ず一定の進歩があります。筆者がいろいろな文例を板書すれば（たとえば、前記の6個の質問例）、必ずノートにとっていました。それを重ねて、他人の言うことも聞いていれば、何かが口頭で言えるようになるということでしょうね。しかし、さらなるレベルアップのためには、最終的にはいろいろな単語を知っていることが必要になりますし、話題も必要になります。ですから、教員自身も常に自分のレベルを保つために、翻訳をした

り、文章を読んだり、世の中の話題についていけるように世界に関心をもち続けています。実際の会話のときにはある程度、文法を忘れても勇気をもって自分の言いたいことをはっきり伝えることが大切です。しかし、そのためには日頃より文法や語彙についてきちんと勉強していることが大切なことがここからも分かると思います。

－2－

では、筆者のComo passou？ Tem novidade？という質問に、Fui passear.（散歩しに行った）とだけ言った人に対してはどうしたでしょうか。同じパターンで、質問を工夫して、なんとか話してもらいます。会話を同時に筆者は板書もしていきます。そこで板書を理解して使えるかどうかが、上達の鍵になります。このことは先ほど述べた、笑いを誘えるほどの質問ができるほどになった人の例で明らかだと思います。

1 Gosta de passear?（散歩することが好きですか）
2 Costuma passear？（習慣として散歩するのですか）
3 Com quem foi passear？（誰と一緒に散歩に行きましたか）
4 Aonde foi passear?（どこに散歩にいきましたか）
5 Gostou de passear por (em) ... 場所？（〜を散歩するのはよかったですか）
6 Quando foi passear？De manhã ou de noite?（いつ散歩しにいきましたか。午前、夜間ですか）

たとえ一言だけでも答えてくれれば、それについて質問できる言い回しがあるので、それを板書しているのですが、自筆ノートというのはなかなか後から見直さないものですね。本書にある例文なども参考にして少しずつでも覚えていくと、会話がとても楽しくなりますので、是非、目を通してください。

ここで、主な疑問詞をしっかりおさえておきましょう。以下の疑問詞が身につくと驚くほど会話の幅が広がります。話の中で積極的

に活用してみてください。

疑問の基本は「何」ですね。Que?「何?」を覚えたら、次は、Para que?「何のために?」という文も基本表現として覚えてください。そして会話は相手あってのことなので、人について尋ねる代表的な疑問詞 Quem?「誰?」は必ず覚えてください。そこから De quem?「誰の? 誰から?」Para quem?「誰に?」Com quem?「誰と?」などを覚えていってください。

Qual? Quais?「どれ?」は選択を表す疑問詞で数の変化のみあります。日本語は「どれ、何、誰、どの」などです。量や数を聞く疑問詞 Quanto は性と数の変化があります。Quanto? Quanta? Quantos? Quantas?「どれだけ? いくつ?」

Onde?「どこ?」は場所を聞く疑問詞です。重要でよく使いますので、必ず覚えましょう。性・数変化はありません。その他、場所に関して Aonde?「どこに?」De onde?「どこから?」Até onde?「どこまで?」という表現も多く用いられます。

時を尋ねる疑問詞として Quando?「いつ?」は、よく用いられますので、必ず覚えましょう。その他、時を尋ねるものとして Até quando?「いつまで?」や Desde quando?「いつから?」も会話に幅をもたせるものです。

状態・方法・理由について聞く Como?「どのように?」や理由・原因について聞く Por que?「なぜ?」も会話において重要な疑問詞です。

-3-

何も novidade がないと言う人もいらっしゃいます。そんな人には筆者は、お昼ご飯について質問することもあります。答える人も大変かとは思いますが、質問をしていかないと会話の授業にならないので少し頑張ってもらいます。質問がくどいようでちょっと失礼になってしまうのかなと申し訳なく思うこともありますが、会話で

一言しか話せない段階ではこういうパターンにならざるを得ないのです。筆者の仕事は、受講生に話してもらうことですから、ご辛抱願って少し頑張って話を続けてもらいます。それでは、novidade のない人に対しての質問例を記します。

　　O que comeu no almoço？Não comeu nada（no almoço）？（お昼に何を食べたの。何も食べなかったの）

　お昼ご飯に何を食べたかと訊きます。これまで、10 年以上、社会人にポルトガル語を教えていて、この質問に対しては 99 パーセントの人は答えてくれました。しかし、中にはお昼ご飯を食べていなかった人もいて、やはり答えられない、という人もいました。語学教師もなかなか大変です。昼ごはんを食べた人には、以下のように質問を続けることができます。

　　Gostou de？（（食べたもの）はおいしかったですか）

　　Você cozinhou（fez）？（君がつくったの）

　　Onde comprou？（どこで買ったの）

　　Foi caro ou barato？（高かったか、安かったか）

　　Quanto custou（pagou）？（いくらしましたか）

　　Acha que é caro ou barato？（高い、それとも安いと思いますか）

　しかし、お昼ご飯を食べてない人に対しては会話練習が成り立たないのかと言えば、そうでもありません。筆者もプロの語学教師ですので、さらに工夫を重ねて職務を遂行します。教室の机の上にペットボトルが置いてあるのを見たので、O que bebeu？Você não almoçou porque não teve tempo para comer（almoçar）. Mas não bebeu nada? と、質問を続けてみました。筆者がなかなか答えてくれない受講生の方に気分を害したので報復に出たのでは決してありません。筆者も語学教師として経験を積んでまいりましたので、このようなことには慣れております。しかし、こういうときには、結構長い文章を披露することにしています。どうしてかというと、こういうときこそ理由を表す言い回しを学習できるいいチャンスだからで

す。咄嗟の判断で即席で質問を考えるのは筆者の得意とするところで、これも会話の教員としての仕事なのです。

　ここではできれば Porque を使って欲しいのです。これは「なぜならば」という意味ですが、これが出てくることによって、「どうして」と Por que？も一緒に紹介します。そのときに一度に覚えることができなくても、次の会話練習にまた出てくる可能性が大きいですから、まとめて紹介することにしています。でも実際には、このように話し、文章を板書しても、何を話してよいかまだ分からないという受講生もいらっしゃいますので、そういうときにはもう一度最初から会話をやり直します。

　Por que não almoçou？（どうして昼食しなかったの）と教員が聞きます。

　すぐ答えられない場合は、「時間がなかったのですね」と日本語で言いながら、Porque eu não tive tempo（para almoçar）. などと代わりに言ってあげます。Porque eu estive（estava）ocupada.（忙しかったから）という文も模範回答例文として板書します。このようなことを繰り返すうちに、理由を表す言い回しも自然とできるようになります。

　次回からは、「昼食をしなかった」Não almocei. と答えると、教員である筆者は、「どうして」Por quê? と質問することができるようになります。そのときは、日本語訳である「どうして」を交えて言う場合があります。これはまだ習得度が浅い段階で筆者が日本語訳も交えてやる方法です。語学教師が通訳を兼ねるような授業になってしまいますが、このようにある程度、バイリンガル形式で会話指導をします。筆者は通訳も語学教師も両方務めましたが、通訳業務は久しくやっておりません。そのため悲しいことに、通訳としての第一線の仕事を退くと、何か「勘」が鈍ることもありますし、単語を度忘れすることもあります。受講生の皆さん、そういうときは辞書を引いて確かめる時間をくださいね。

　さて、飲み物ですが、O que bebeu？（何を飲んだの）と聞けば、

Bebi（私は飲んだ）……コーヒーなどの飲んだものが続くこととなります。

　このようにして会話を通じて、動詞の過去形も身につけることができるのです。つまり、「教員が聞くときは動詞の活用は3人称過去bebeuで聞きますが、答えるときは一人称単数bebiですよ」と繰り返し説明します。そうでないと、教員が三人称単数bebeuで聞くと、答える側の受講生も三人称単数bebeuで答えてしまうからです。間違っても状況で分かりますが、教室の中で、ポルトガル語を学ぶのであるから、いかに自由に話すことをめざすことは筆者の信念であるとしても、動詞の変化の間違いは認められません。そうでないと学校で勉強したことにはなりません。よくあることですが、何も勉強せずにブラジルに行って、数週間か数カ月滞在した若い人は、覚えるのは早いのですが、自分が言うべき一人称単数過去を使わずに、相手が話しかける三人称単数過去を覚えて使っていることに遭遇したことがあります。これを直して、指摘したら次回から授業に出てこなくなった人がありました。ブラジルで、「君、それ買ったの」という「買った」は三人称単数過去でComprou?ですが、「買ったの？」と聞かれたので、Compreiとするところを、そのまま「はい、買った」をComprouと答えて話が通じてしまったので、それでそのまま覚えてしまったようです。語尾は三人称単数過去の活用の音調で覚えてしまったようです。ですからその人は、いつも自分のことでも三人称単数を使って覚えたのでした。筆者は教員として、動詞の変化の間違いは放っておけないのです。動詞の変化を間違えると、言語をやったことになりません。

　第1章で説明したことですが、表現は自由です。受け身や接続法を使わなくても、極端な場合は文章でなくても単語だけでも会話はできますし意思は通じますが、そのような自由な会話をする一方で、基本的な文法学習を疎かにしては十分な上達は見込めません。むしろ文法や語彙の学習こそ、いざというときの自由な会話をつくる基

礎となるのです。実践では大胆に、教室では細心にことばに臨んでください。教室に来る人は文法を学ぶ絶好のチャンスを得た人でもありますので、筆者も会話の自由を尊重しながら、きちんと文法を教えます。これは矛盾ではなく相互補完的なことなのです。ですから筆者と一緒に学ぶのであれば、動詞については厳しくではないですが適切に指導します。

　昔の話になりますが、筆者の恩師の川崎桃太京都外国語大学名誉教授の授業では、大学1年生は二人称の動詞の変化までも覚えなければいけない授業でした。それも文法の存在するすべての時制に関してでした。たとえば、動詞 ser を例にすると、直説法現在で sou, és, é, somos, sois, são と覚え、その他に同じように、不完全過去、完全過去、大過去、未来、過去未来と変化があり、接続法も現在、過去、未来とありました。ひとつの動詞だけで、これだけの変化がそれぞれの時制であるのです。外国語大学だから仕方のないことでしたが、試験の前夜には、動詞の変化が夢に出てきました。当時は小辞典しかなかったのですが、小辞典の最後にまとめてある動詞の活用表が脳裏に浮かんできて、反芻していることがありました。川崎教授は、「これを覚えないと言語をやったことにならない」と言っていたことを覚えています。そうして、若いときに覚えた動詞の活用はいまでも覚えていますし、口に出てきます。小学生の九九の暗記のようなものを大学生になってまたやったということです。試験では、満点でした。川崎教授の発言でいまでも忘れることができないのは筆者が大学院に入ってから「大学院を出ただけではダメなんでね……」ということでした。無口で口下手な筆者は「どうしてですか」、とも聞けませんでした。いまから思えば、やはり一度就職して仕事で実際にしごかれて、社会的にももまれて視野を広げてから指導する立場にならないと、本当の意味でことばを使う仕事はやっていけないし実力がつかないということだっただろうと、いま頃になって自分なりに解釈しています。実際に会社などに入って、いろ

いろな意味で広範囲にしごかれて、やっと柔軟なものの考え方ができるようです。学生時代は無口だった筆者が、いまプロとして会話や文法などの授業を担当しているのも、「大学院を出ただけでなく」て、社会に出て性格を変えることができたからだと思います。講演をしても、緊張せずに人前で話せるようになりました。

　実際の会話では柔軟な発想が大切ですが、それを支えるのは文法知識などの基礎的理解です。発想も言い回しも、表現も自由だと思いますが、そのために動詞活用（変化）の間違いについては、筆者は結構うるさいかもしれません。でも、「語学」の勉強ですからね。どうか楽しみながら頑張ってください。

－4－

　筆者の問いに、Fui a Niigata para esquiar.（新潟にスキーに行った）と言った人がいました。これは年末年始はどうしましたか、という問いへの答えです。筆者の初級会話の講座では、文法全体を見ながら会話練習をしていきますので、春から始まった講座は年末年始になると、このような過去形を用いた文章が言えるようになります。語学は習得速度よりも継続することに実力アップの鍵があると思っています。ですから繰り返して会話をしてもらっています。

　さて、この一文に関してはどのような問いがなされたと考えられるでしょうか。ポルトガル語の疑問詞を使って考えてみましょう。

　　Você foi a Niigata. Por quê?（君は新潟に行った。どうして）

　　Como foi a Niigata?（どのようにして新潟に行った）これで理解できてないようならば、De carro ou de Shinkansen?（車で、それとも新幹線で）と聞きます。

　　Com quem foi?（誰と行ったの）

　　Onde ficou?（どこに泊まったの）これで理解できていないようならば、Ficou no Hotel?（ホテルに泊まったの）と続けます。

　あとは、動詞 gostar（好き）を使って、会話をしていきます。

どうしても短い文しか話せない人でも、聞いて、聞いて、聞きまくる方法で、あと4回か5回は話すことになります。これを継続して、他の人の会話練習もしっかりと聞いていけば、慣れていき、スムーズに話せます。しかし、自分の発言だけでなく、他の人の発言を聞くことも大切な勉強ですので、あまりノートをとることに一生懸命になりすぎると、せっかく出席しているのに上達につながりません。授業の受け方などの勉強方法でも、工夫して要領よくやっていく方法を意識的に考えていってください。

-5-

　年末年始は何をしていましたか、という問いに、Fui à casa de meus pais.「実家に行った」と言う人がいました。このパターンで進めると、車で行ったか、誰と行ったか、など、疑問詞で、質問されることがそろそろ分かってきますね。

　　Onde fica a casa de seus pais？（両親の家（実家）はどこにありますか）
　この文によって、所有詞を定着させるねらいもあります。
　　Como foi？（どのようにして行きましたか）
　　Com quem foi？（誰と行きましたか）Foi com a sua namorada？（恋人と一緒に行きましたか）
　　Quantas horas levou（para chegar à casa de seus pais）？（両親の家に着くまで何時間かかりましたか）
　　O que fez lá？（向こうで何をしましたか）

何もしなかった Não fiz nada. と言われればおしまいですが、動詞 gostar で話を続けます。

　最初の一年くらいの学習段階では、これらの問答ができるようになることを目標にするのもいいでしょう。こういった話がある程度できるようになりますと、会話をしているという実感を得ていることでしょう。

-6-

　さて、これまでに、一文しか言えない人に対して、どうして会話をしてもらうかということを話してきました。十分に習得できていない段階から、関係代名詞などを使った長文を話し、慣れることを主眼においた練習には筆者は賛成しません。できる限り短文を積み重ねていくことが、会話の基本だと思います。そのときに、接続詞を用いることができればなおさらいいですが、まずはしっかりした短文をつくることが大切です。それでは短文を積み重ねるということはどういうことでしょうか。例文をもとに考えてみましょう。

　「わたしが、昨日、飯田橋にあるレストランでフランス料理を食べたら、とてもおいしかったので、またいっしょにいきましょうね」と、日本語なら一文にすんなり言える文章があります。これくらいなら誰でも日常的に使いますね。会話に慣れていない人は、日本語では途中で文章が切れてないので、そのままポルトガル語にしなければならないと思ってしまい、「飯田橋にあるレストラン」で関係代名詞を用いようとします。厳密に翻訳をする人や、翻訳の授業ならば、本当に関係代名詞を用いなければならないでしょう。また、作文の授業でこういう日本語が頭に浮かべば、関係代名詞を用いて表すことが良いでしょうし、そのような方法で長い文章にすれば、巧みな文章表現になるかもしれません。

　しかし、この日本語は完全に日本語の発想ですから、それをそのままポルトガル語で話そうとするにはとても困難があります。初学者はこのままポルトガル語にしようとしてしまいますが、ここで筆者が繰り返し主張してきた、ポルトガル語を話そうとするときは日本語を区切って短文で発想しましょうという考え方が必要になります。この発想で作文すれば、入門書でならった知識だけで十分話せます。

　ここでは、「昨日、私は、飯田橋に行きました」「フランス料理を食べました」「とてもおいしかったです」「また、一緒にいきましょう」

このように四つの文章に分けて発想して言いたいことを伝える方法があります。こういった考え方がポルトガル語を話すためにもっとも重要なことだと思います。日本語と同じように話せると思うのは大きな勘違いです。このようにして区切って言うと、既存の知識で簡単にポルトガル語で言えるはずです。これを練習することによって、スムーズに口からポルトガル語が出てきて、流暢に話せるようになると思います。もちろん、関係代名詞の使える人は、それに越したことはありませんが、すべての人がそんな柔軟に文法的にしっかりした文章が口から出てくるものでもないでしょう。短文だけでつないでいくと、例えばこのような文になります。Ontem fui a Iidabashi. Comi os pratos franceses. Gostei muito. Um dia vamos juntos.

　そして、上記の区切った文章の間に適当につなぎことばを入れることも、会話のセンスをアップさせる方法でしょう。これに関しては、拙著『ブラジル・ポルトガル語最重要単語 2000 + 語法ガイド』(国際語学社)の表紙裏ページにまとめてありますが、上記の例文でいうと、e「そして」とか por isso「だから」とか então「それじゃあ」を入れることもできますし、これは、話せる人は、知らないうちに使っているいわゆる「つなぎことば」です。これを使えるようになると、かなり会話文の構成において論理的に「聞こえる」ようになります。会議、討論などで使えるものですし、作文などにも応用できます。

第6章
ポルトガル語Eメールの書き方

　まず最初に、これから読んで勉強、利用されるかたに説明しておきたいことがあります。この章ではEメールなどで使うポルトガル語表現を紹介していきますが、具体的・実践的な文例集の性格上、この章は読者の方がポルトガル語を入門書などである程度勉強したことを前提にしています。もちろん、本書を最初からこの章まで読み通してきた方でも十分理解できます。初心者の方には難しい例文もあるかも知れませんが、文例をもとに勉強を進めていただけると作文や会話にも役立ちますので、是非、気軽に目を通してください。基本的にパソコンや携帯メールなどでよく使う短文の例を掲載します。

　携帯メールでは、アクセント記号が出ません。いろいろな変換機能を使っても字化けしてしまう危険性もあるので、ここではポルトガル語が理解できる人に送ることを前提にして、キーボード上にあるアルファベットだけを使って文を考えてみましょう。例えば、ç → c　ão → ao　é → e と打ちます。しかし、本書では、学習者の方の便宜も考えてアクセント記号をそのまま使用しています。

　しかし、ポルトガル語の文章を考える前にメールの作法にも気をつけなければいけません。直接会って話すのではなく文章だけで意思の疎通をはかるので、文章表現には十分に気をつけましょう。メー

ルは便利でとても気楽に使えますが、人が怒るようなことを書かない、メールですぐに怒らないことが必要です。受け取った人がどのように受けとめるか、他の悪い意味にとられてしまわないかとある程度神経質になることも必要です。

それでは、基本事項の書き出し、相手の名前と敬称について紹介します。丁寧な順になっています。あとになるほど相手が親しい人宛てになります。Prezado Senhor Paulo（パウロ様（男性））、Prezada Senhora Ana（アナ様（女性））、Caro Paulo（親愛なるパウロ）、Cara Ana（親愛なるアナ）、Oi, Ana（やあ、アナ）、Ana（アナ）

書き出しのフレーズでは、相手の様子を気づかうことが大切です。Como vai ?（元気？）、Bom dia, como vai ?（こんにちは、元気？）（午後から Boa tarde, como vai ? となります。夜は Boa noite, como vai ?）Como (você) passou ?（どうなさってましたか？）Tudo bem ? Espero que sim.（すべてうまくいっていることと思います）Como está a vida em Tokyo ?（東京での生活はいかがですか？）

Eメールをもらったときのお礼は、「〜でありがとう」という「〜で」は por で表現します。以下の例文では、por 以下に続く名詞につく冠詞と縮合して pelo となっているものがあります。動詞の原形がくる場合は por のままです。

Muito obrigado pelo seu e-mail.（あなたのEメールどうもありがとう）、Muito obrigado pela sua pronta resposta.（早速のお返事をどうもありがとう）、Muito obrigado pelo seu e-mail com a data de 2 de março de .....（……年3月2日付けのEメールどうもありがとう）、Estou muito contente por receber o seu e-mail.（あなたのEメールを受け取ってとてもうれしいです）。ポルトガル語では「月」は大文字ではじめます。Março など。

ビジネス関連の書き出しのフレーズも紹介しておきましょう。

Muito obrigado pelo continuado apoio.（いつもお世話になっていま

す)、Gostaria de confirmar <u>acerca da</u> conversa telefónica de ontem.（昨日の電話でのお話の件についてご確認いたします）この文章中の下線のある acerca de... についての説明です。「〜に関して」の意味ですから sobre で代用できます。しかし、sobre は「〜の上に」の意味もあるので、acerca de... を使用するほうが無難でしょう。もちろん文脈でわかることですが、この文章では sobre を使って、違う文章では acerca de... とならないほうが良いでしょう。バラエティーに富んで良いというものではありません。どうしても「〜に関してが」二度出てくる場合は、反復を避けて使います。Gostaria de responder à sua (vossa) pergunta.（あなた（貴殿）のお問い合わせにお答えします）次の文章は、もっと形式ばった表現です。主にビジネス関連などで用いられることになります。Acuso a recepção de V/e-mail com a data de 3 de maio, que muito agradeceria.（5月3日つけの貴殿のEメールを拝受し、感謝の意を表します）。

　メールでは、長い言い回しをしたりせずに簡潔な表現を心がけましょう。日本語では高度な言い回しであっても、ポルトガル語では誤解のないようにだれでも理解できる表現にしましょう。メールを書く際に知っておくと便利な単語を紹介します。「現在」agora、「早い機会に」brevemente、「〜にもかかわらず」apesar de...、「会議をする・会う」encontrar、「選択する」escolher、「決定する」decidir、「合意する」concordar、「結論に至る」concluir、「返事を送る」responder、「知っている」saber、「試みる」tentar、「示す」mostrar、「得る」ter、「仕上げる」acabar、「提出する」mandar, apresentar、「送信する」enviar, mandar、「〜を受け取りました」Eu recebi... 、「〜をお知らせします」Gostaria de informar <u>que（acerca de）</u>... 、（que を使うとそれ以下は主語と変化した動詞の文章になります。acerca de... を使うとそれ以下は名詞または動詞原形が続きます）「〜に関して」acerca de... 、「（〜を）添付します」mando o anexo (de...)、「返事をお待ちしています」Fico à espera da sua resposta.

結びのフレーズを紹介します。まずは、公文書や目上の人への手紙などかたい表現を使う場合です。Com os melhores cumprimentos, (敬具)。友だちなど親しい間柄での、「またね」などのフレーズは以下のようなものがあります。Até logo.（じゃあ、また）、Gostaria de receber a sua resposta logo.（すぐに返事もらえたらいいのですが）、Depois vamos falar.（またあとで、話しましょう）、Vamos encontrar nessa opoturnidade.（そのときに会いましょう）、(Um) Abraço.（抱擁を！→実際は抱擁をするものでありませんし、それを期待するものでもありません）、Boa sorte.（幸運を祈ります）、Bom fim de semana.（良い週末を）

感謝のフレーズは、次のようなものがあります。Muito obrigado.（どうもありがとう）、Muito obrigado pela ajuda.（ご助力に感謝します）、Muito obrigado pela colaboração.（ご協力に感謝します）、Muito obrigado pela consideração.（ご高配に感謝します）。

相手の家族などに「よろしく」という場合は、Mande os meus cumprimentos a ... です。「お大事に」は、As melhoras. と言います。

以上が、メールの基本表現です。日本語とポルトガル語が混じっても親しい人の間では問題ないので、早速学習したポルトガル語を使ってみてください。それでは、これから14のメール例文を見てみましょう。わずか14の例ですが、いろいろな場面で使えるフレーズですし、単語の入れ替えで応用がききます。線で囲んだ内側がパソコンの画面だと思ってください。

（1）最近どうしていますか？　Como tem passado ?

Caro José
親愛なるジョゼへ

Você não diz nada há muito tempo. Como tem passado ? Espero que

tudo bem consigo.
ずいぶん前から何も言ってこないけど、最近どうしていますか。
すべてが順調であればいいですね。

Uma surpresa ! Eu comecei a estudar português!
驚いたでしょ！　私、ポルトガル語を勉強し始めたんですよ。

Agora, eu estou estudando português na escola perto de Ikebukuro.
いま、私は池袋の近くの学校でポルトガル語を勉強しています。

Diga alguma coisa.
連絡くださいね。

Um abraço.
抱擁をもって

Yuki
由紀

解説

　não diz nada は、「君は何も言わない」つまり、連絡がないことを言います。diz は動詞 dizer（言う）の三人称単数現在です。最近どうしてた？は、Como passou? でもよいですが、Como tem passado? のほうが、前回のメールがきてからいままでの間「ずっと」（継続を表わす現在完了）どうしていたか？　という問いかけになります。Como passou? は特定の週末にどうしていたか？　というときに使えばよいです。Como passou no domingo passado ?（この前の日曜日どうしてた？）Uma surpresa ! は、相手を驚かせるような物事・情報を与えるときなどによく使われます comecei a ... は começar a... が原

形で「〜し始める」という表現です。estou estudando は、estar+ 動詞 estudar の現在分詞で現在進行形です。Diga は、動詞 dizer（言う）の接続法現在で命令形です。

（2）招待ありがとう。Muito obrigada pelo convite.

Oi. Mário.
やあ。マリオ。

Tudo bem ? Hoje recebi a carta de convite ao concerto de Bossa Nova. Muito obrigada!
元気？　今日、ボサノヴァのコンサートの招待状を受け取ったわ。どうもありがとう！

Fiquei muito feliz !
とてもうれしかったわ！

Acho que a gente pode jantar junto antes ou depois do concerto. O que quer comer ?
コンサートの前か後に一緒に夕食できると思うわ。何食べたい？

Até logo.
じゃあね。

Miki
美樹

解説

招待状（carta de convite）には出欠の返事を出しましょう。クリス

マスカードは carta de Natal、年賀状は carta de Ano Novo です。クリスマスカードが年賀状をかねることがあります。そのときの代表的な文言は以下のようです。

 Feliz Natal e Próspero Ano Novo！（幸せなクリスマスと実り多き新年を！）

ポルトガルでは、あまり Natal を使いません。Boas Festas（e Bom Ano Novo）！（良き休暇（と良い新年）を！）とするのが一般的です。「嬉しかった」ですが、contente, satisfeita（女性形）よりも feliz（幸せな）を使うと、喜びが一層強調されます。Eu estive feliz. と Eu fiquei feliz. の違いは、前者は「嬉しい状態だった」、後者は「嬉しくなった」。つまり、招待状をもらって、普通の状態から嬉しい状態に移り変わったことを表現します。これは、Eu estive doente. と Eu fiquei doente. の違いで明らかになりましょう。前者は、「病気だった」、後者は元気な状態から「病気になった」です。a gente の表現ですが、gente だけだと「人びと」の意味ですが、定冠詞 a をつけると「わたしたち」の意味になります。親しい間柄ですと、口語だけでなく文章中においても一人称複数「わたしたち」nós よりも、気楽に a gente がよく使われます。しかし、動詞の変化は三人称単数ですから注意しましょう。junto は「一緒に」という意味です。主語が a gente で動詞も単数形ですから、junto です。主語も動詞も複数形になると juntos となることが一般的に多いようです。

（3）カフェに行きましょう！　Vamos ao café！

Caro Mário
親愛なるマリオへ

Temos trocado os e-mails por mais de quatro meses. Por que não vamos encontrar no café？ O que você acha？

4カ月以上Eメールを交換してきました。カフェで会わない？どう思いますか？

Tchau
チャオ

Miki
美樹

解説

「会いましょう」という表現はVamos encontrarがありますが、これは男女間では含みが多いので、日本人が「会いましょう」という場合には「カフェに行きましょう」(Vamos ao café.)と言って、「会って会話・おしゃべりをすること」を明確にしたほうが良いでしょう。trocarは「交換する」ですが、継続を表して「メールで話してきた」Temos conversado por e-mail.（Eメールで会話してきました）とも言い換えることができますね。

Por que não...? は「〜はどうかしら？」の意味です。英語ではWhy not ? です。Você está com pressa ? Por que não vamos beber hoje à noite ?（君、急いでいる？ 今晩飲まない？）
O que (você) acha ? は、「どう思う？」です。打ち合わせに限らず相手の意見を聞くときにもよく使います。

(4) 引越しました。Mudei de casa.

Para os amigos
友達へ

No mês passado, mudei de casa. Por isso, gostaria de informar a

morada nova.
先月、引越しました。ですから、新しい住所を知らせます。

1-2-3 Saitama-Cho,
Saitama-Ken, 456-0000
〒 456-0000
埼玉県埼玉町 1-2-3

Agora, estou muito ocupada por arrumar as coisas. Depois, vou dizer acerca da festa em minha casa nova.
今、いろいろなものを整頓するのにとても忙しいです。あとで、新居でのパーティーについて知らせます。

Até logo.
さようなら。

Miki
美樹

解説

引越の通知などはもちろん、電話番号やEメールアドレスの変更などは、Mudei de ...（私、〜を変えました）を使うのがよいでしょう。Mudei do número de telefone.（電話番号を変えた）Mudei do celular.（携帯を変えた）Mudei do endereço de e-mail.（Eメールアドレスを変えた）estou ocupada por arrumar... は、estou ocupada arrumando... と現在分詞を使って表すことができます。

(5) お昼一緒にいかない？　Não quer ir almoçar comigo？

Cara Paula
親愛なるパウラ

Não quer ir almoçar comigo agora ? Descobri um bom restaurante perto do meu escritório.
今から私と一緒にお昼行かない？私の事務所の近くにいいレストラン見つけたの。

Se você tem tempo, por que não vamos encontrar ao meio-dia em frente do meu escritório ?
もし時間があれば、12時に私の事務所の前で会わない？

Pode responder logo, por favor.
どうか、すぐに返事して。

Até já.
また、すぐあとで。

Miki
美樹

解説

Não quer + 動詞原形 + ? で、「～しない？」という誘いになります。そのときの打ち合わせは、時間、場所を最小限に明確にしましょう。時間は、12：00などの書き方でも非常に明確になります。「～時頃」はpor volta de... ですが、「頃」ではなくてきっぱりと時間を決めましょう。「～時に」の「に」は、1時台はàです。それ以降はàsで、数字をつなげます。場所を明確にするには、以下の三つの表現を

最小限覚えておきましょう。ao lado de...（〜のそばに、横に）、perto de...（〜の近くに）、em frente de...（〜の前に）

その他の表現も紹介しておきますので、参考にしてください。Você está livre no almoço de hoje？（今日のお昼あいてる？→ livre は「暇」とか「フリー」の意味です）Vamos almoçar um dia nesta semana.（今週いつか昼食しよう→ um dia は「いつか」の意味です）Você diga o lugar e a hora. Eu vou até lá.（君が場所と時間を言って。私がそこまで行くから→ diga は「言って」で動詞 dizer の接続法現在で命令形です）。

（6）誕生パーティーします。Vou fazer uma festa do aniversário.

Caros amigos
親愛なる友人たちへ

O dia 21 deste mês é o meu aniversário.
今月21日は、私の誕生日です。

Vou fazer uma festa num barzinho "Shoya" ao lado da estação de Myogadani, da Linha Marunouchi-Sen.
丸の内線茗荷谷駅の横の居酒屋「庄屋」でパーティーをします。

Tenho que reservar a mesa para o dia 21 às 6 horas. Pode me mandar um e-mail para confirmar a presença.
21日6時に席の予約をしなければなりませんので、出席確認のメールを私に送ってください。

Resposta até 20.
返事は20日までに。

Um abraço.
抱擁をもって。

Miki
美樹

解説

席の予約をするために人数を確認しなければならないときは、必ず出欠確認の締切日を設定しないと、あとからどんどん気が変わって人数が増えると困ったことになります。また、大体の予算も知らせておいたほうがよいかもしれません。しっかりと書きたい表現です。「大体一人 3000 円」Mais ou menos 3000 ienes por pessoa. 大切な単語や表現で、「席を予約する」reservar a mesa (o lugar).「20 日までに出席を確認するために私にメールを送ってください」Pode me mandar um e-mail para confirmar a presença até (antes de) 20. 確認事項があるときには詳細をしっかりと書きましょう。

Pode+動詞の原形で、相手に「〜してください」と依頼を表します。また、「私は〜しなければならない」Tenho que+動詞の原形、「私は〜する必要がある」Preciso+動詞の原形の表現は、こういうときに使って自分の必要性などを表現してください。さて、ここで Happy Birthday の歌をポルトガル語で歌ってみましょう。Parabéns para você / Nesta data querida / Muitas felicidades / Muitos anos de vida

(7) 昨日はありがとう。Obrigado por ontem.

Oi. Miki.
やあ。美樹。

Tudo bem?

元気？

Obrigado por ontem. Passei o tempo muito divertido.
昨日はありがとう。楽しいひと時を過ごしました。

Gostei muito de conversar com os novos amigos.
新しい友達とお話できてよかったです。

Até a próxima vez.
また、次回ね。

Paulo
パウロ

解説

招待してもらったときには、翌日にお礼の言葉を一行でも必ず言いましょう。Obrigado pelo convite.（招待ありがとう）、Obrigado por ontem.（昨日はありがとう）。そして、「～することがよかった」Gostei muito de + 動詞の原形を入れて、ひとことよかった点を探して感想とお礼のことばとしましょう。

（8）重要なことがあるんです。　Tenho uma coisa importante para dizer.

Caro Paulo
親愛なるパウロへ

Tenho uma coisa importante para dizer.
言っておくべき重要なことがあるんです。

第6章　ポルトガル語Eメールの書き方　147

Eu tenho um namorado japonês. Acho que quero casar com ele.
私は日本人の恋人がいます。結婚しようと思っています。

Sinto muito. Mas, pode ser sempre o meu amigo.
とても残念ですが、いつも良い私の友人でいてください。

Um abraço.
抱擁をもって。

Miki
美樹

解説

恋心を告白されて受け入れることができれば良いのですが、断り方もいろいろあります。「あなたのことは好きでありません」と直接言わないほうがいいですね。また、恋心を告白するには、「愛しています」Eu te amo. と言わずに以下の文章が良いでしょう。Agora você é uma pessoa especial para mim.（いまでは、君は私にとって特別な人です）。

Acho que... は「私は〜と思う」の意味です。Sinto muito. は「残念です」の意味です。Sinto は不規則変化動詞 sentir の一人称単数現在です。

(9) おめでとう！ Parabéns！

Para Helena
エレーナへ

Como vai ? Ouvi dizer que você vai casar. Parabéns!
元気？　結婚するって聞いたわ。おめでとう！

Quando é a cerimônia de casamento ?
結婚式はいつ？

Miki
美樹

解説

　Ouvi dizer que...「～らしい。～と聞いた（ouvi は動詞 ouvir の一人称単数完全過去です）」は、Dizem que... と同じです（dizem は動詞 dizer の三人称複数現在です）。「おめでとう」は Parabéns! です。Quando は時を聞く疑問詞で「いつ」の意味です。

ビジネス関連（文法的には、上級レベル・実務レベルとなります）

（10）パンフレットを送ってください。　Muito agradeceria o envio de um panfleto para mim.

Prezado Senhor
Luiz Peixe
ルイス・ペイシェ様

Para o efeito de saber mais em detalhe acerca da sua companhia, muito agradeceria o envio de um panfleto para mim.
貴社について詳細をさらに知るために、パンフレットを一部送っていただきたく存じます。

Com os melhores cumprimentos,
敬具

Miki Suzuki
鈴木 美樹

解説

Para o efeito de ... は、「〜のために」を意味します。前置詞 para だけでも「〜のために」の意味がありますから para でも十分意味は伝わります。しかし、形式ばった通信文になりますと Para o fim de...「〜の目的のために」とか少しくどい言い回しが使われることが多いです。もちろん、このような場合は簡略的に para だけでもいいです。em detalhe は「詳細に」の意味です。本文ではそれに mais（もっと）がつけてありますが、mais はそれほど重要でなく、em detalhe があれば十分です。acerca de ... は、すでに随所で紹介してきましたが「〜に関して、〜について」です。女性名詞 companhia（会社）の定冠詞 a と前置詞 de が縮合して da となっています。muito agradeceria についてですが、日本語で「〜していただきたく存じます」（感謝する意味の動詞 agradecer の過去未来形）に相当する言い回しです。これまでの学習だと、Pode+動詞の原形？をもっと丁寧にして Poderia+動詞の原形？を発想します。もちろんそれも十分意思は伝えられますが、ニュアンスとしては「〜を感謝申し上げます」ということなので、このニュアンスを出したい方は muito agradeceria をお使いになることをお勧めします。丁寧の度合いは少し低くなりますが、muito agradeço と agradecer（感謝する）の現在形を用いる場合もあります。そのあとに名詞の o envio（送付）が続いています。para mim は「私に」の意味です。決して para eu とは言いませんので注意しましょう。

(11) もう一度送信してください。　Gostaria muito que fosse mandado urgentemente o mesmo e-mail outra vez.

Prezado Senhor
Paulo Gomes
パウロ・ゴメス様

Acuso a recepção de V/ e-mail com a data de 3 de maio, que muito agradeceria.
5月3日付け貴殿のEメールを拝受しました。感謝します。

Mas, não podendo imprimir por causa de algum "error", gostaria muito que fosse mandado urgentemente o mesmo e-mail outra vez.
しかし、エラーが原因で印刷できまんせんので、至急、もう一度同じメールを送っていただきたく存じます。

Com os melhores cumprimentos,
敬具

Miki Suzuki
鈴木美樹

解説

Acuso a recepção de... は、通信文で用いられる「～を拝受したことをお知らせします」の意味で、もう少し一般的な Recebi... でも「～を受領しました」を表せます。V/ は、通信文でしか使われない Vosso（貴殿の～）の略です。そのあとに拝受したもの（名詞）を続けます。メールを送付する年月日は自動的にメールソフトで相手側に表示されますので、一般的にものや手紙を受け取ったときに、受

け取った日ではなくものや手紙の差し出し日や書類・商品番号をそれぞれ com a data de ... とか com o número... と続けましょう。もちろん、受け取った日も書いてよいですが受け取った日だけを書いて、相手のものや手紙の差出日を忘れないようにしましょう。この一文が書けたら、コンマで区切ってから que muito agradeço. または que muito agradeceria. とつなげて「感謝します」と感謝の念をあらわしましょう。後者のほうがより丁寧です。

　não podendo ですが、分詞構文とよばれるもので podendo の1語で「なぜならば」とか「～のとき」など、文脈に応じて様々な接続詞をともなうべき文章を簡略化して代用します。por causa de ... は「～が理由で」の意味です。この言い回しは文章でも会話でもよく使われます。gostaria muito que fosse mandado の箇所ですが、これがここのポイントになる言い回しです。日本語の意味は「～していただきたく存じます」で、(10)で出てきた muito agradeceria と同じですが、ここでは gostaria muito que のあとの fosse（動詞 ser の接続法過去）+ 過去分詞（ここでは mandar（送る）が mandado になっています）の形によって「～されたい」との受け身表現になっているのです。つまり、送られることをとても希望しているのですがという意味です。この日本語はポルトガル語の構造を説明するために直訳をしており、これでは日本語表現として不適当なので、結局「～していただきたいのですが」と(10)と同じ日本文になっています。outra vez は「もう一度」という意味で、mais uma vez とも言います。

(12) ミーティングの日時をお知らせ下さいますようにお願い申し上げます。　Gostaria que fosse informado sobre a hora e a data do nosso encontro.

Prezado Senhor
Paulo Gomes

パウロ・ゴメス様

Para conversar acerca do assunto, gostaria de encontrar com V. Exa. nesta semana. Tenho muito gosto de comparecer no seu escritório.
その件について話すために、今週、貴殿と会いたく存じます。私のほうが貴オフィスに出向きたいと思います。

Por isso, gostaria que fosse informado sobre a hora e a data do nosso encontro.
したがいまして、ミーティングの日時をお知らせ下さいますようにお願い申し上げます。

Com os melhores cumprimentos,
敬具

Miki Suzuki
鈴木美樹

解説

acerca do assunto は、「その件について」の意味です。V. Exa. は「貴殿」です。Tenho muito gosto de ...「私は〜したいと思います」ですが、Tenho a honra de....「〜するのは名誉なことでございます」などの表現もあります。動詞 comparecer は、「出向く」ニュアンスのときに使われます。Por isso,「したがいまして」ですが、会話でも「だから」のニュアンスでよく使われます。gostaria que fosse informado sobre...「〜についてお知らせくださいますようにお願い申し上げます」は、私は〜について知らされることを望んでいますという受け身の形です。ここでは、「〜について」の表現 acerca de を一度使っていますので、反復しないように同義語 sobre を使っています。

第6章 ポルトガル語Eメールの書き方

(13) 貴殿を夕食にご招待したいのですが。Tenho a honra de convidar V. Exa. para o jantar.

Prezado Senhor
Presidente Paulo Silva
パウロ・シルヴァ社長

Tenho a honra de convidar V. Exa. para o jantar no restaurante japonês "Midori" no próximo dia 25 de maio do ano corrente.
来る本年5月25日、貴殿を日本食レストラン「みどり」に御招待する運びになったことは私にとって栄誉なことでございます。

Muito agradeceria V/ resposta antes do fim desta semana.
今週末までに貴殿のご回答をいただきたく、よろしくお願い申し上げます。

Com os melhores cumprimentos,
敬具

Miki Suzuki
鈴木美樹

解説

Tenho a honra de... は、「私にとって栄誉なことでございます」です。そのあとに「招待する」という意味の動詞の原形 convidar がつながっています。「〜に招待する」は para... となります。この場合は日本食レストランでの夕食（o jantar no restaurante japonês）です。「〜日に」は no dia ... ですが、「来る」とか「次の」といった表現をするときは próximo を使って no próximo dia.... とします。

muito agradeceria... はすでに紹介しました。そのあとに名詞をつなげます。ここでは「貴殿の返事」V/ resposta となっています。「今週末までに」は antes do fim desta semana です。ここで no fim desta semana とすると「今週末に回答の連絡がほしい」ことになってしまいますので、「～までに」は antes de.... の表現を用いましょう。

(14) 注文の品がまだとどきません。A encomenda ainda não chegou.

Prezado Senhor
Paulo Gomes
パウロ・ゴメス様

No dia 4 do mês passado, eu mandei um e-mail acerca da compra de dez livros. O senhor me disse que mandaria logo no dia seguinte, isto é, no 5 do mês passado. Mas a encomenda ainda não chegou.
先月4日に、私は10冊の本の購入についてEメールを差し出しました。貴方は、翌日の5日に、直ちに送ると言われました。しかし、注文品はまだ届きません。

Por isso, gostaria de saber urgentemente o que se passou.
したがいまして、どうしたのか早急に知りたく思います。

Com os melhores cumprimentos,
敬具

Miki Suzuki
鈴木美樹

解説

　さて、最後の例文になりました。ここまでくるとすでに学習済みの表現が多くなってきたと思います。ここでは三つの表現について説明します。ひとつめは O senhor me disse que mandaria no dia seguinte の箇所です。me disse que... で「que 以下のことを私に言った→伝えた」となります。que のあとは過去未来形になります。ポルトガルでは不完全過去が一般的です。ふたつめの説明は、isto é です。これは「すなわち、つまり」の意味です。最後の説明は、問題の状況を知りたいときによく使う表現 o que se passou です。現在形 o que se passa でもよく使われます。後回しにされないように「早く知りたい」ときは saber のあとに urgentemente をつけましょう。

第7章
ポルトガル語クエスチョン

1 方向を表す前置詞の a と para の違いを教えてください。たとえば、Vou ao Brasil と Vou para o Brasil はどう違い、どう使い分けられているのでしょうか？

 ir a + 場所と ir para + 場所のように、いずれも前置詞として方向を表すときに両者の違いはどこにあるのか疑問が生じるのは当然ですね。確かにこの場合の a と para には大きな違いはなく、ネイティブにも混同されて使われており、どちらでも良いとも思われていますが、どうしてもニュアンスの違いをはっきりさせると以下のようになります。

 ir a + 場所の場合、すぐに戻ってくる場合や、その場所に短い時間しか滞在しないときに a を用います。Eu vou a São Paulo.（私はサン・パウロに行く）と言えばそこに何日も滞在せず、すぐに戻ってくることを表します。

 これに対して、ir para + 場所の場合、その場所に長期滞在することを示唆します。またそこから戻ってこないことまでも含まれます。Eu vou para São Paulo（私はサン・パウロに行く）と言えば、サン・パウロに行ってそこに住みついて戻ってこないという意味までも含む「行く」という意味を表します。

 このようにはっきりとした違いを前提に言えば、「海に行く」

「スーパーマーケットに行く」「映画に行く」「恋人の家に行く」「スタジアムに行く」などの表現はそれぞれ、Eu vou à praia. Eu vou ao supermercado. Eu vou ao cinema. Eu vou à casa da namorada. Eu vou ao estádio. とならざるを得ません。これらの文がすべて少しの時間だけ滞在して、また戻ってくるからですね。

もっと極端な例で ir+para を考えれば、ir+a との使い分けはさらに明確でしょう。「天国に行く」「地獄に行く」などはもう戻ってこれないので、それぞれ Eu vou para o céu. Eu vou para o inferno. になります。ですから、喧嘩をして「地獄に行け!」と言いたい場合は、Vá ao inferno! とは言わないで Vá para o inferno! と言います。Vá は、動詞 ir の接続法現在で命令を表します。

ベッドに行って就寝する場合でも、これまでは熟語として覚えていた表現も、この説明で納得できるはずです。Eu vou para a cama. は、ベッドの中で数時間でも休んで留まり、寝るというニュアンスから ir para a cama と理解することができます。

さらに以下の二つの文を比較してみましょう。

Eu **vou à** casa para buscar o dicionário.（私は家に辞書をとりに帰ります）
Eu **vou para** a casa. Porque eu estou muito doente.（私は家に帰ります。なぜなら、とても病気だからです）

2 barriga と ventre という「お腹」という意味の単語の違いはどうですか。

「お腹」という意味の単語 abdome は、胸から下腹部までの臓器までを指して使うことばです。女性の子宮や卵巣までも含みます。

ventre は、豊かさや機能を含む考えが付け加わります。ventre materno（母体→母のお腹の意味。この表現はしばしば肯定的・プラスイメージで使われます）や prisão de ventre（便秘→直訳はお腹の機能の刑務所→出れない）に使われる理由があります。

barriga は、最も一般的なことばで、主に胃や腸のことを言います。したがって、食べ過ぎてお腹が（漠然とした部位）痛い場合は、Eu estou com dor de barriga. と barriga を使う理由があるのです。

3　道案内で、「突き当たりで」とか「次の駅」の「次」というのはどういいますか。

「突き当りで」は no fundo と言います。つまり直訳すると「奥で」の意味で表現できます。No fundo, pode virar à direita.（突き当たりで、右に曲がってください）

「次の駅」の「次」は英語の next に相当する próximo という形容詞をつかいます。駅は estação で女性名詞ですから、語尾変化をして próxima estação となります。「次の駅が表参道です」は A próxima estação é Omotesando. となります。

4　では、「三つ目の駅」と言うときはどうなりますか。

序数を使用しなければなりません。a terceira estação です。でもブラジル人に降りる駅を聞かれて、つまったり序数を覚えていなくて言えないので、知らないふりをして無言のままやり過ごそうとしてはだめです。それならばいっそのこと、três estação と基数を言ったほうがよいです。それで間違いでもなく十分通じます。

5　ポルトガル語の現在完了は継続のみを表すそうですが、それでは完了・経験や結果などはどのようにして表現するのですか。

とてもよい質問だと思います。たまに、「もうそれを買いました」という文を、現在完了形（ter+ 過去分詞）で、Já tenho comprado isso. と訳す人がいます。しかし、これでは、「すでに今まで買って

きた」の継続の意味になってしまいます。このような間違いをおこさないためにも、とてもよい質問です。完了、経験、結果は、すべて完全過去で表現します。Já comprei isso.（私はすでにそれを買いました）Já estive no Brasil.（私はすでにブラジルに行ったことがあります）O avião já partiu.（その飛行機はすでに出発しました）です。筆者の考えとしては「現在までの継続」の微妙なニュアンスを出そうとする場合のみ、現在完了を使えばよいと思います。現在までの継続といっても、実際の会話に限っていえば、完全過去や不完全過去で表現されている場合も多いです。しかし、この使い分けは文章では比較的きちんと区別されますが、口語においては使い分けは厳密なものではありません。会話の場合はそんなに神経質に使い分けをする必要はないと言っていいでしょう。しかし、プロの通訳や翻訳家になる場合なら、話は違いますので、そういう人は専門的な指導を受ける必要があります。

　もっとも、現在完了という文法の呼び方が、英語の現在完了と混同しているのです。それが、よくないという意味ではなく、どんなに文法書でポルトガル語の現在完了は現在までの継続のみを表すと説明してあっても、英語の知識が定着している人には、少し混同してしまうようです。教員によっては、現在までの継続を表す表現を複合完全過去という人もいます。「複合」という意味は、ter+ 過去分詞の形になっているからです。

6　abrir de noite と abrir à noite は、一緒に思えますが、どこが違うのですか。

　abrir de noite は、店などが夜間に開いていることを言います。特に一晩中開店していることを指します。しかし、24時間営業しているということではなく、あくまでも夜間、開いているという意味です。
　abrir à noite は、夜間も開いていることを言います。例えば、朝8

時に開店し、夜10時まで営業する場合などです。このように、夜間もずっと開いている場合、この表現を使えます。24時間営業の場合なども「夜間開いている」という意味でこの語が使えます。

7 「意味」という単語は、acepção, sentido, significação がありますが、どう違いますか。

　acepção は、一つの単語が持つそれぞれの意味です。sentido は、ある文章の中での単語の意味です。最も一般的に、広く使用されます。significação は、significado と同じで、日本語としては「意味」が適当ですが、上記の二つとは違います。ある単語が表現する考え、訴えたいこと、果ては、別に示唆する意味までも含みます。

8 「見つける」という意味の achar, encontrar, descobrir について教えてください。

　achar は、例えば、自分の紛失した財布などを捜していて、見つけた場合に用います。ポルトガルが 1500 年にブラジルを発見したときに、報告書に achar や achamento と書いています。ここから当時のポルトガル王室はブラジルの存在をすでに知っていて、探して見つけたのだと筆者は解釈しています（この点について関心のある方は、拙著『「ブラジルの発見」とその時代』（現代書館）を読んでください）。
　encontrar は、自分の財布を紛失したことを気付かずにいて、偶然、見つけたような場合に用います。「出会う」ようなニュアンスです。
　descobrir は、さらに捜している意識が低く気にもしていなかったものをたまたま見つける場合です。

9 「事故」という意味の単語 acidente と incidente の違いはどうですか。

acidente は、望ましくない、好ましくない、不幸な出来事のことです。incidente は、予期しない、予想外の、意外な出来事のことです。

　どちらも、日本語で考えると「偶然の出来事」「事故」という意味ではありますが、自動車事故などは acidente ですが、講演中に壇上で話している人が喉が渇き、水を飲んだが水をこぼして服が濡れた（incidente）、そしてコップを落として指を切った（acidente）、などの説明で違いが理解できるでしょう。

　サッカーの試合中に選手が骨折するのは acidente でしょうが、ボールがそれて観客にあたって怪我をすれば incidente となりましょう。

10 「寝る」という単語の adormecer と dormir は、どちらも同じですか。

　adormecer は、睡眠状態に入ることをいいます。したがって、労働、運動などで極度に疲れたときなどに睡眠を意識しなくても一時的に寝入る状態を表します。Durante o intervalo de trabalho, eu adormeci.（仕事の休憩の間に、私は眠った）

　dormir は、睡眠状態に入って、体を（翌日の）活動のために休ませる行動を言います。Hoje eu vou dormir às 22 horas porque eu estou muito cansado.（今日、私は 22 時に寝ます。なぜなら、とても疲れているから）

11 「待つ」という単語の aguardar と esperar は同じように使えますか。

　aguardar は、限定された事実や事象を注意して待つことのみを言います。私事になりますが筆者が実際に経験した例では、ポルトガ

ルに留学していた頃、移民局で居住許可証の申請をしたときに、係員より「それでは返事を待ってください」Aguarde a resposta. という指示を直接聞きました。

esperar は、ある事実や事象を待つだけでなく、その結果を予見していることも言います。Eu aguardo o dia de eleição e todos esperam a vitória dele.（私は選挙の日を待ちます。そして彼の勝利を待ち望みます）

12　andar と caminhar は、どちらも「歩く」という意味ですが、どんな違いがあるのですか。

andar は、歩くことを言う動詞です。caminhar は、andar に似た意味をもつ動詞ですが、スポーツなど何か特定の目的をもって歩くことを言います。健康のために歩くならば、caminhar になりますね。しかし、この使い分けも口語においてはかなり混同されて使用されているようです。

13　aprender と estudar ですが、違いを教えてください。

aprender は、以前もっていなかった知識を獲得することを言う動詞です。日本語は「覚える」がよいでしょう。estudar は、以前もっていなかった知識を獲得するために知性を働かせることをいう動詞です。日本語は「勉強する」がよいでしょう。

したがって、「ポルトガル語を勉強する」をポルトガル語で estudar português と言えば、覚えるために本を読んだり、辞書を引いたり、学校に通ったり、時間を割いて頑張っている、努力していること言います。実際に、身についているかどうかは別になります。そして、その結果、一つの単語でも覚えたり、書いたり、話せたりして、知識が向上したりすることは、aprender português となります。

14 belo, bonito, formoso, lindo は、いずれも「美しい」という形容詞ですが、使い分けているのでしょうか。

　belo は、五感を震わすほどの質の高い「美」を表す形容詞です。As praias japonesas são belas.（日本の海岸は美しい）
　bonito は、視覚、聴覚に訴えるほどの魅惑があることを表す形容詞です。この反対語は feio になります。mulher bonita.（魅力的な女性）música bonita.（思わず聞き入ってしまうほどの美しい音楽）
　formoso は、特に形態から人をひきつける「美」を有することを表す形容詞です。garota de formoso corpo.（ものすごい体の女の子）
　lindo は、bonito とよりもさらに美しいものにつける形容詞です。muito bonito と同じ。garota linda（とても美しい女の子）linda の反対語は muito feio.
　bonito には、belo や lindo にある美しさの完成度、完璧さがないようです。ある程度の同等性をもたせるならば muito bonito とする必要があるようです。
　以上のような説明になりますが、実際は、混用されていると思います。筆者の感想としては bonito が一般的には最も多く使われているように思いますが。

15 buscar と procurar の相違はどこにあるのでしょう。

　この「さがす」という意味をもつ二つの語の違いには、探す人の「努力、負担」があるかないかに違いを見出すことができます。
　buscar には、必要性から見つけてくるという「捜す」ニュアンスがあります。この場合、見つけなければならないものが、実際に存在するかどうかは関係ありません。
　procurar には、すでに存在を知っていて、その存在するものを持ってくる「探してくる」というニュアンスがあります。

16　caixa という単語は、男性と女性とか性によって意味が違うのですか。

　そうです。この単語は、男性形と女性形で意味が異なります。o caixa と男性形であれば、「レジ」「会計係」となり、働いている人が男性であろうが女性であろうが、o caixa となります。
　a caixa となれば「箱」の意味です。レジ係の人が女性だからといって a caixa とはならず、o caixa です。
　子どもを意味するポルトガル語は、男性でも女性でも a criança となることもここで覚えておくとよいでしょう。

17　carioca は、リオに生まれた人のことですが、サン・パウロの人はどういいますか。

　carioca は、リオ・デ・ジャネイロの州首都であるリオ・デ・ジャネイロ市に生まれた人を言います。サン・パウロ市の人は、paulistano です。fluminense はリオ・デ・ジャネイロ州に生まれた人、またはそこに生活や仕事などの拠点をもつ人のことを言います。カリオカ carioca はよく遊び、パウリスタ paulista は働き者とよく言われています。しかし、パウリスタは、サン・パウロ州の人であり、サン・パウロ市の人はパウリスターノ paulistano ですから、リオ・デ・ジャネイロ市の人とサン・パウロ州の人を比較していることになります。筆者が学生のときから言われて定着しているのですが、比較するなら、市とか州の同じレベルで比較されるべきでしょうが、これは外国人の偏見であるばかりでなく、同国人のブラジルでさえ言います。一番最初に誰がリオ市の人とサン・パウロ州の人を比べたのか知りたいものです。本当に、違いが分かっていたのでしょうかね。

18 costume と hábito（習慣）はどう区別しますか。

costume は、伝統的に繰り返される一般的行動で、hábito と比較すると costume には風習のニュアンスが強いです。

hábito は習慣ですが、繰り返すことによって愛着、喜びさえも感じる行動のことを言う場合に使います。o hábito de fumar.（タバコを吸う習慣）o hábito de acordar cedo.（早起きの習慣）

19 日本の入国管理局は、Imigração ですが、どうして Emigração ではないのですか。

まずは、動詞で考えてみましょう。emigrar は、自国を出て他の国へ移り住むことを表す動詞です。imigrar は、他国へ住み移るために入ってくることを表す動詞です。つまり、emigrar は出て行くことを強調し、imigrar は入ってくることを強調します。ブラジルにいるブラジル人にとってみれば、日本人がブラジルに移住すれば、Os japoneses imigraram.（日本人が移住した）となります。しかし、日本人にとってみれば Os japoneses emigraram.（日本人が移住した）となります。

日本にブラジル人が移民してくれば、それを日本人は Os brasileiros imigraram（ブラジル人が移住した）ということになります。いずれにしても日本の入国管理局が Imigração と呼ばれているのは、自国に「入ってくること」に視点においているからです。ちなみに、migrar は、一般的に国、州の中で住む場所を変えること（移動）を言う動詞です。

20 ブラジルで、entendeu?(君、わかった？) と聞かれました。わかったときには、Entendi（私、分かりました）になると思うのですが、辞書にある動詞 compreender（理解する）とかは使わないのですか。

entender は、五感を使って理解できることを示す動詞です。さらに身振りなどでも分かることを言います。

　compreender は、ことばのみを通じて理解することを示す点が entender と違うと思います。したがって、愛犬が言うことをよく聞いて利口に振る舞っていても compreender（理解する）は使わず、entender（理解する→了解する・分かる）になります。O cachorro entende bem o que eu mando.（その犬は私が命令することをよくわかる→よくきく）

　ですから、ブラジルで、entendeu? という問いが多様されるのは、「すべての面で、理解できたか？」ということで、日本語でいう「体得する」という感じがあるでしょうね。

21　ブラジルの海岸で日光浴をしていたら、向こうからサッカーボールが飛んできたので、そのボールをとって返してやりました。そして、自分の座っていたところに戻ると、かばんがなくなっていました。そのことを帰りのタクシーの中で、foi roubado.（盗まれた）と言ったところ、foi furtado. だとタクシーの運転手さんにいわれました。Furtado って何ですか。

　furtado は動詞 furtar の過去分詞です、こっそりと、人に知られずに盗むことを表す動詞。窃盗（furto）にあたります。roubar は、被害者の目前で、威嚇または暴力をもって盗むことを表す動詞で、強盗（roubo）にあたります。

　日本では、混用されて、すべて roubo, roubar が使われている感がありますが、気づかれないうちに盗まれていると furtar, furto です。

　ちなみに、assaltar は強盗目的で、人・物を攻撃することを表す動詞です。「襲撃する」ことですから、厳密に言うとこの単語だけでは盗む行為までを言い表してはいません。この単語は、人やものを攻撃して、器物損壊、傷害などを発生させる可能性を指している

意味合いが大きくなると思います。

22　場所の意味を表す単語 local と lugar の違いはありますか。

どちらの語も訳語は「場所」ですが local は、一点、局所を言います。これと比較するならば lugar は、かなり広い範囲の場所を指します。Aqui é o local onde eu morava antes.（ここが、以前私が住んでいたところです）Fica num lugar muito barulhento.（とても騒々しい地域にあります）

23　「同じ」という形容詞の mesmo と igual がいまひとつよく理解できません。

mesmo は、同一のものについて言及するときに使用されます。o mesmo carro（同じ車）

igual は、別のものに関して使用されます。「同類、同等の、同じような」車ならば um carro igual という訳になります。

ちなみに、「同じ」という意味を持つ mesmo は副詞用法で強調などに使われることがありますから、注意しましょう。

24　「死」という単語の morte と falecimento は、使い分けがあるのですか。

morte は、若くても歳をとっていても、すべての死を意味しますが、falecimento は、死因は別としても、歳をとって高齢になって死ぬことを言います。それぞれ動詞は morrer, falecer です。

25　ブラジル人が話しているところを聞きますと、muito がよく耳に残りますが、あれは何ですか。

副詞として、muito は、「過度に」、「集中的に」のニュアンスを含めて「非常に」「大変」の意味をもちます。Ele comeu muito.（彼はたくさん食べて、気分が悪くなるかもしれない）などのように使います。

　日本語の「すごい」というような感じで、Isso é muito.（それはすごい）といいます。つまり、あらゆることが「一定以上の状態」にあるときに使用される muito があまり理解できないのかもしれません。この用法の muito がよく耳に残るのでしょう。

　もちろん、性・数変化のある muito の形容詞の用法もあります。

　そのほか、bastante は、「強度」、「激しさ」のニュアンスを含めて「十分な」の意味を持ちます。Ele comeu bastante.（彼はたくさん食べたが、気分が悪くなったり、病気になるほどではない）

26　よく、オーリャとかオーリェと言われますが、何ですか。

　olha とか olhe のことです。原形は olhar「見る」ですが、後者は接続法現在で命令を表します。注意を引くときに使うことばで「ねえ」とか「ちょっと」といった感じでしょう。

　olhar は、視線を向けることを表す動詞です。これに対して、同じ「見る」でも ver は、視覚を通して理解することを表す動詞です。口語では、「テレビを見る」も ver を使う場合があります。また「それについて考える」というときも使います。Vou ver isso. とかです。

27　以前、メキシコで働いたとき、ときどき、donde ということばを聞いたことがあるのですが、これはスペイン語ですか、ポルトガル語ですか。

　あまり知られていませんが、donde はスペイン語としてはよく使

われる「どこ」という疑問詞です。メキシコはスペイン語圏ですからスペイン語が話されますね。donde はポルトガル語としても存在しますがあまり知られていません。どうして知られていないかというと、入門書には疑問詞として取り扱われていないので知らない方も多いのですが、ポルトガル語では前置詞 de+onde で donde（どこから）という単語があります。これは、ポルトガル語では「どこから？」という疑問詞になります。Donde você veio ?（君はどこから来たの）

　このような前置詞と疑問詞の縮合した例としてはポルトガル語ではその他に前置詞 a と onde が縮合した aonde（どこに）という疑問詞があります。動きを表す動詞（buscar, entrar）以外とともに、主に、方向などを表す文で使用されます。Aonde você vai ?（君はどこに行くの）

28 「宝くじを買って金を失う危険がある」という文を書こうとしたとき、この場合の「危険」にはどういう単語を使いますか。

perigo は、生命の安全を脅かすこともある切迫した「危険」です。risco は、良好な結果さえもある可能性がある単なる「危険」です。

correr o perigo（危険を冒す）は、消防士が消火のために危険を冒す場面を思い浮かべるとよいです。日本語では同じになってしまいますが correr o risco（危険を冒す）は、宝くじを買って金を失う危険を冒すことを想像すればよいでしょう。この場合、危険は冒しますが、当たる可能性もありますから。

29 「あなたの職業はなんですか」と聞くときに、どうして O que é a sua profissão ? でなくて Qual é a sua profissão ? ですか。

Qual は、数あるなかの「どれ」というニュアンスです。仕事も

いろいろありますが、その中の「どれ」という意味ですね。o que を使うと、この場合名詞 profissão そのものに関する情報（定義）などを問うことになります。「職業って、どういう意味ですか」との意味になります。厳密にはこのような説明になりますが、実際の会話では混用されています。

30 「飲み会の計画がある」などの表現で言うときの「計画」とは、どんな単語を使えばよいでしょうか。

plano は、限定された目的を達成するために段階を踏んでしっかりした「計画、プラン」のことを言います。projeto は、時間的にもまだ遠い先の、まだ具体的な予定に至らない、やや空虚な「意向、考え、計画」を言います。

例えば、辞書を作る plano のある人は、完成するかしないかは別にして実際に作る作業に着手します。ところが、projeto をもっている人は、まだいつ着手するかどうか、考えているに過ぎないのです。このようですから、飲み会などの日程や予定を立てるなど懇親会の具体的な計画ならば、plano でしょう。

31 「知る」という単語の saber と conhecer について、説明してくださいますか。

saber は、知識、技能として知っている、理解していること表す動詞です。conhecer は、主に人や場所などを知っていることを表す動詞です。例えば次のように使い分けます。Eu conheço ele.（私は彼を知っている）Eu não sei português.（私はポルトガル語を知らない）「私は、彼がサッカーをすることが好きなことを知っています」は、ポルトガル語で Eu conheço que ele gosta de jogar futebol. とは言いません。つまり、que をともなって文章をつなぎません。Eu sei que ele gosta de jogar futebol. と言います。

　ちなみに、特殊用法として saber+ 不定詞で、「〜できる」の意味があります。Eu sei nadar mas agora não posso, porque eu estou doente.（私は泳げますが、今はできません。なぜなら病気だから）

　poder（できる）との違いについて説明をしておきます。saber は能力的可能ですが、poder は状況的可能を示します。それぞれ、この場合英語の can と may に相当するようです。

32　ブラジルで使われる「ボアッチ」ということばは、何の意味ですか。

　boate は、日本語でいうとナイト・クラブとかキャバレーに相当すると思います。しかし、交渉次第でそこで働いている女性と外出できるところもあります。ブラジルは多民族の国ですから、とにかくエキゾチックでさまざまな美人がいますので、日本から旅する男性は羽目をはずさないようにしてくださいね。

33　ハリソン・フォード主演の映画で、Seven Days and Six Nights の DVD をポルトガル語版で見ていましたら、バーで女性に言い寄る男性に対して、女性が paquerando? と言ってました。どういう意味ですか。状況からなんとなく分かるのですが。

　DVD の映画でポルトガル語を勉強するのは、とてもいいですね。筆者は、2〜3年ほどポルトガル語を勉強したら、好きな映画の DVD をブラジルから輸入してポルトガル語の字幕スーパーや吹き替えで勉強することをいつも勧めています。気になる表現はパソコンのエクセルにいれてまとめましょう。そうすれば自分のオリジナルの単語帳がつくれます。

　ただブラジルの DVD のシステムはリージョン 4 なので、日本の

プレーヤーでは見れません。システムを変える必要がありますので、その点は注意してください。

　ところで、DVD で筆者が勉強して、初めて覚えた表現は Entendi でした。これは、アメリカ映画では、「ラジャー」とか「了解」に相当します。「OK」になることばです。もちろん「OK」と字幕に出るものもあります。このことはいまでも覚えています。

　ご質問の件ですが、paquerando とは動詞 paquerar の現在分詞で、異性に求愛するために興味を示して言い寄る行為をいいますので、日本語で言いますと「ナンパする」になるでしょう。ブラジルに限らず、ヨーロッパ文化の国では、女性に声をかけて paquerar できない男は、男でなく度胸のない弱虫だとされてしまうところがあるそうです。

　いまの日本では、セクハラが大きな問題になる時代になっていますので、日本人男性は女性と付き合うきっかけをつくるのはなかなか難しいようです。

　筆者が仄聞したところでは、ブラジルから日本に働きにきた男性が、日本の会社の女性社員にはじめて会って挨拶をしたときに女性社員に抱きついてセクハラと言われて社内で問題になったそうです。これを「文化の違い」と指摘するだけで片付けることは簡単で、文化の相違を前提として、事前に「日本ではこういうふうに振る舞うのですよ」と日本に到着したときから教育すればよいことです。しかし、ラテン世界に長い間接してきている筆者にとって、この話を聞いたときには、ブラジル人男性もかわいそうと思ってしまいました。

34　Por que についての記述が気になっています。ものによっては 1 語だったり、アクセント記号があったり、誤植かと思えるくらいバラバラに書かれていることがあるのですが。

英語の why「なぜ」に相当するポルトガル語は por que と 2 語になり、「なぜ〜なの」などの文章ができることになります。単独で「どうして」だけだと、クエスチョンマークとともに、Por quê? と強くなりますので、アクセント記号がつきます。英語の because に相当する「なぜならば」は、porque と 1 語になります。そのために「なぜ」でふたつ、「なぜなら」でふたつの似た表記や音声が存在するのです。

　余計な説明になって混乱するかもしれませんが、この際説明しておきますと、文章などを読んでいますと、porque の 1 語で「理由」、「訳」という名詞もあります。

35　英語の知識があったほうが、ポルトガル語の勉強はしやすいですか？

　たまに、このようなことを聞かれます。筆者自身が授業中に英語ではこの単語に相当しますと言いながら説明していることがあるからです。例えば、onde は英語の where ですと説明します。como は how ですとか説明します。筆者自身は英語が好きでした。父親が中学校の英語教師をしていたものですから英語教材には理解があって、高くつくのに英字新聞を定期購読契約してくれました。それも家の中で日本語新聞は一紙だけでなかったので、新聞だらけになっていました。

　筆者は、中学・高校と英字新聞を毎日読んでいました。ちょうどフォークランド戦争の時期で、社説も戦争のことばかり出ていました。海外のニュースといえば武力衝突のことばかりなんだな、日本ではあまり戦争とか、ゲリラ戦とか爆弾テロのことは連日報道されないので、日本は平和だとしみじみと感じていました。

　英語好きだった筆者が授業中に「英語では」と説明することが多いです。三修社から『ゼロから話せるブラジル・ポルトガル語』を出すときに、英語の苦手な人もいるかもしれませんから、英語の説

明は極力ないほうがよいと言われました。それからは英語での説明は、口をすべらせたように出たときを除いて控えるようにしました。英語が国際語と言っても、日本人の中でどれだけの人が英語ができるのか、筆者のように TOIEC の点数がわずかですが 770 点あっても、分野によってはニュースも新聞も分からないこともあります。ただし、中学・高校のときのフォークランド戦争の記事のおかげで、いまでも幸か不幸か戦争やテロに関しての CNN ニュースはある程度分かるのです。最終的に分かるかどうかは、ある程度の文法知識を得たあとは語彙力になるのではないでしょうか。

　もともとポルトガル語はラテン系のことばで、英語はゲルマン系で違いますが、インド・ヨーロッパ語ともとは同じだと言われています。似ているところがあるとかないとかの話ではないです。結論は、英語の知識がなくてもポルトガル語学習はできます。しかし、英語の好きな人、得意な人に限らず、外国語に興味をもっている人、またヨーロッパの言葉に興味のある人はそれなりに出発点が違うので、その時点で習得度・吸収度・勉強態度に差が出ているのではないかと思っています。

　拙著『ゼロから話せるブラジル・ポルトガル語』を執筆しているとき、編集者から、この用語は唐突すぎて分かりません、英語は余り出さないでくださいとか文法用語はできるだけ避けてくださいなどと、いろいろ編集上の指摘をうけていました。

36　浜岡先生が執筆された『ゼロから話せる』シリーズ (三修社) は、執筆依頼があったのですか。

　いいえ。筆者がこれまで刊行できた本はすべて持ち込み原稿といいまして、原稿を出版社に見せて会議を経て、条件をクリアして気に入ってもらえれば刊行してもらったものです。中には印税なし、そして相当部数を買取という具合に自費出版みたいなものもありま

した。

　ちょうど11年前に、ポルトガル大使館文化部の文化活動の一環として社会人にポルトガル語を教えることになりました。当時は、まだポルトガルの経営下にあったマカオで出た会話教材を使用していましたが、文法説明が少なくて学習者にとっては大変だったのです。そこで、会話文にもっと文章の説明を取りいれたものと、文法説明は第二部などの違うところに体系的に説明するべきだと思い、自分のパソコンで教材を作っていました。まずは、日本人が学ぶには会話例文の暗記や学習ではだめで、文法や構造をしっかりおさえて納得した上で例文を網羅していかなければと確信していました。この態度は今も変わりません。いまでも会話の例文のみを列挙して文章構造の説明のない本は筆者にとって無意味です。

　そこで、基本動詞を厳選し、しかも文法書にあるように文法の勉強の進行具合にあわせて会話文も説明をしていきました。やはり、最初は ser や estar からはじまり、-ar 動詞、-er 動詞、-ir 動詞、不規則動詞、そして、完全過去、不完全過去……最後は接続法というふうに構成していくしか方法がありませんでした。これを『ポルトガル語の入門』として自費出版して文法の副教材として使用していました。そして好評だったので改訂を重ねていました。すると筆者が勤めていたポルトガル大使館文化部が資金難で上司が辞め、つられるように自発的に筆者も辞めました。縁があって拓殖大学オープンカレッジでブラジル・ポルトガル語会話を教えはじめました。そこで、パソコンに保存していた教材データをブラジル向けの教材に作りかえることにしました。

　日本人に文法の知識もなくいきなり会話の例文だけ教えても、その例文に唐突に過去形が出てきたり唐突に接続法があったりして、構造や文法を納得したうえで将来の応用も展望した教育ができないと断念したまま原稿はパソコンで眠っていました。いまでも、パソコンには未完の論文のほかに本になる大きさの文学作品の翻訳と著

作が計3冊眠っています。すべてが出るわけではないので、これからもポルトガル語の実力を落とさないために翻訳を続けていきます。

　なんとか独自の会話教材を刊行したいと思いながら三修社のホームページを見ていると、語学参考書で『ゼロから話せる』シリーズがありました。もちろん『ゼロから始める』シリーズの存在は、大学の後輩の伊藤奈希砂君が出していたので知っていたのですが、『ゼロから話せる』シリーズのブラジル・ポルトガル語はまだなかったのです。何も、筆者の原稿がそのシリーズに相応しいことになるとは思っていませんでしたが、思い切って三修社に電話をして、「企画があるのですが原稿をメールを送ってもよろしいでしょうか」と言って送りました。銀座線外苑前駅の出版社に行き、話を聞くと、どういうことか、以前から筆者が出版を希望していた構成や内容のシリーズだったのです。つまり、一冊の参考書の中で、たとえば、挨拶やser動詞から始めて、最後のページには難しい接続法などの文法を無理やり会話の例文に入れた不自然なものではなくて、日本人が文法や言語構造も理解したうえで話せることをめざしたものでした。一冊でその言語の文法をすべて網羅する必要もなく、網羅しないほうがよいことを基本としているものでした。まったく、筆者の考えと合致したシリーズでした。

　このような出版方針のもと、その場で、「まだそのシリーズのポルトガル語がないのならば挑戦させてください、挑戦したいです」と言いました。以後、必要最小限と思われる動詞を厳選し、ブラジル出張・赴任された方々の意見も聞き入れ、あらたにできた原稿を送り、出版が実現されました。いろいろな運といいますか、条件などが重なり合わないといまでは本の刊行もできないということのようです。苦労しましたが、『ゼロから話せるブラジル・ポルトガル語』は、入門・初級者用として位置づけることができると思います。

37　どうして、浜岡先生の専攻はポルトガル語なんですか？　ど

ういう人生を歩んできたのですか？　どうしたら話せるんですか？どのような勉強をしてきたのですか？

　これは、よく聞かれます。大学受験で英文科、英米語学科とブラジル・ポルトガル語学科を受けたのです。結局、ブラジル・ポルトガル語学科しか受からなかったからです。合否結果を聞いたときは、本当に熱が出て寝込みました。痩せてしまい、浪人する気力がなかったのです。あのときにもし浪人すれば都会で自分を失っていたかもしれません。

　筆者が高校生３年のとき、アメリカ人の英語補助教員が高校に来たときのことです。すでに述べたように中学生のときから英字新聞を読んでいた筆者は、世界の戦争や刑事事件などの時事問題に関して英語がペラペラに話せたので、らくらく授業で時事問題に関してアメリカ人教師と話すと、その教師はびっくりして「母校ボストン大学に推薦するから行かないか」と勧められました。

　英語教員だった親父は賛成して「行け」と言いました。すべて、筆者自身で決めることでした。筆者の決断は、「どこでもいいから京都市内の大学」と結論を出しました。いまでも、ボストンに行っておけば違った人生を歩んでいたと思ったり、高卒で海外の大学を出ても日本に帰ってくると高卒扱いになると聞いたり、浪人をすべきだったか、と過去を振りかえっています。浪人すればどこかの英文科を出て中学校の英語教師をやっていたと思います。

　そんな筆者ですが、大学でのポルトガル語学習はよく頑張りました。試験の当日の朝は朝方に動詞の変化表が夢に出てきて暗記を繰り返していたのでした。表がそのまま写真をとったように頭に焼きつかれました。当時は二人称も暗記しなければなりませんでした。同級生では落第、退学者もいました。

　ポルトガル語学習は単語と例文の暗記、動詞の活用の暗記に始まって、その暗記に終わるのではないかと思います。しかし、人に

よっては小学生のときに九九を覚えたようにすべてを暗記できるはずがありません。しかも30歳、40歳になって歳を重ねると暗記力も衰えます。そのような酷なことを要求できません。ですから、まずはポルトガル語学習は、挨拶に始まって挨拶で終わると、筆者は言っています。これにはいろいろな意味を含みますが、参考書や教材の最初は挨拶から始まっています。繰り返して学習して、最後までいけば、また初心に戻って挨拶の最初から繰り返して音読を重ねてほしいということも含めます。それを繰り返すうちに、挨拶はスムーズにいえますし例文も徐々に頭に蓄積されていくのでしょう。

　筆者は楽しく授業はしていますが、実際は挫折と絶望の繰り返しの中で、著書もそろそろ合計10冊出る見込みになりました。大使館勤務を辞めたときにはこれ以上のどん底はないところから這い上がる思いで文章を書き続けてきました。筆者は、中学生のときにバレーボールをしていて京都府大会にも出ました。土日も朝から夕方まで、バレーボールの練習や、足の筋肉をつくるためのいまは禁止されているうさぎ跳び、階段を人を背負って走ったり、また階段をうさぎ跳びしたり、体育館のバレーコートで逆立ちをしたりしました。また、400メートル、駅伝、三段跳びの中学地方選手権にも出ました。平泳ぎならば数キロ泳げます。このようにスポーツをしていたので、体力で10冊の本の公刊ができたと思います。いまは体力がなくなり本を書くのはかなりきつくなりました。

　現在は大型の本屋に行けば、またはネットでポルトガル語の参考書が多く見られます。筆者が学生のときは、参考書と言えば友田金三著『ブラジル・ポルトガル語文法・作文』（友田出版社）と高橋都彦他著『ブラジル・ポルトガル語入門』（白水社）しかなく、辞書も『ポルトガル語小辞典』（大学書林）しかありませんでした。辞書の語数が足らないので大武和三郎著『新葡日辞典』を探しましたが、旧漢字で書かれていたために読めませんでした。いまの学習者は入門書には苦労しませんが、あまりにも類書があるとどれに手を出した

らよいのか分からないでしょう。学習方法はどうすればいいかと筆者に聞かれれば、「文法の説明がきちんとしてあるあまり分厚くない本を一冊丸暗記してください」と言います。丸暗記して、何ページの下のほうにこの単語の説明があったとか、あのあたりにこの例文があったとかと言えるようになるくらいまで、一冊に集中してくださいということです。「本がぼろぼろになってもう一冊買わなければならないほどにしてください」と言っています。

いまは語数が5万語もある良い辞書があるので、その辞書を暇があったら読んだり、片手にしながら文学作品や新聞（インターネットでプリントアウトします）の興味ある分野だけ毎日読み続けることです。興味がないと継続は無理です。また、現代日葡辞典なるものも暇があれば読んでください。これを継続することによって、単語を忘れても、また出てきます。そして繰り返しによって定着します。また衛星放送やDVDで音声にも触れましょう。

結局のところ、辞書を引くのがとても好きであったり、一冊の本を何回も読める人、新しい単語との出会いが好きな人、語学が好きな人でどこかが楽しいと感じないと勉強が続かないことは事実ですね。

筆者の語学（関連）書はこれ以上書く機会がないと思います。本書で最後になると思いますが、皆さんも継続するために楽しんで学習してください。仕事でも人生でも楽しみを感じないと続かないですね。

第8章
「大西(洋)」河(Rio Atlântico)を渡り続けるアソーレス人

　移住は経済的理由が主なものとされています。しかし、アソーレス諸島のサン・ミゲル島からの移住については、高い人口密度の上、土地は肥沃でないし、ファイアル島カペリーニョ地区のような新たに陸地ができるほどの大規模な火山活動、そして、移住して裕福になった家族を真似ることまでが主な要因のようです。アソーレス人にとっては、新世界の「アメリカ」という国名は（16世紀は南アメリカのこと、つまりブラジルを指していました）、神秘的な魅力をもった言葉であり、ダイナミックな豊かさをアソーレス人に与え続けていました。

　最初のアソーレスからの脱出、つまり移住については、16世紀にアソーレスに生きたサン・ミゲル島民ガスパール・フルトゥオーゾが書き残しています。1579年に、ディオゴ・フェルナンデス・ファレイロとその親類が余りの貧しさにアソーレスで生活ができなかったので、すでに本格的に植民が始まっていたブラジルへ向けて島を出ていったそうです。そして、1617年から1807年頃までアソーレスからセアラー、マラニャンやパラー地区などのブラジルの地に向けての移住が活発になりました。

　18世紀のこと、つまり1748年から1752年にかけて、約6000人のアソーレス人がブラジル南部のサンタ・カタリーナとリオ・グランデ・ド・スルに移住しました。この経緯は拙著『「ブラジルの発見」

とその時代——大航海時代・ポルトガルの野望の行方』のテーマとなったものですから、ここでは詳しく繰り返しません。

以上のことからしましても、アソーレス人の言葉が、ブラジルのポルトガル語に大きな影響を与えたことは言うまでもありません。とくにブラジルのセアラー、マラニャンやサンタ・カタリーナ、リオ・グランデ・ド・スルでは、二人称のtuを現在でも使います。ブラジル南部のサンタ・カタリーナとリオ・グランデ・ド・スルと北東部に位置するセアラー、マラニャンとは離れていても、アソーレス人が多く移住してtuが使用されているのであれば、どうしてブラジル国内でかなり離れた地点で現在でもtuが使用されているのか納得がいく事象ですね。

特に、サンタ・カタリーナのポルトガル語のsenhora（女性に対して「あなた」を表すsinháは、現在でもアソーレスのサン・ミゲル島のさまざまな地区で話されているsenharaを起源としていると考えられています。lhをiとすることはブラジル南部で多く見られます。例えば、女性 muié（mulher）、見て óia（olha）、葉 fôia（folha）、トウモロコシ mio（milho）、耕地 taião（talhão）などはサン・ミゲル島のアリフェス村特有の現象です。その他、アソーレスのテルセイラ島特有のlをlhと発音することがアソーレス人の移住先のブラジルの地で見られます。例えば、elhéctrico（eléctrico）、ilhuminação（iluminação）です。アソーレスでは、現在進行形に関して、ポルトガル本国のようにestar+a+動詞の原形（Estou a comer. 私は食べています）ではありません。estar + 現在分詞（Estou comendo. 私は食べています）の形が一般的に話されています。そこで、アソーレス人の現在進行形のつくりかたが、現在のブラジルのポルトガル語にそのまま定着していることが考えられます。したがって、アソーレスのポルトガル語はブラジルのポルトガル語への移行が見られ、ブラジルに定着したと言えるのです。

このようなアソーレス人の言語がブラジルに定着したことは、ア

ソーレス人とブラジルの歴史的に長い間の接触と交流があったこと、それも多くのアソーレス人はブラジルに移住後はアソーレスに戻らなかったことを物語っているということを明瞭に理解できると思います。つまり、大西洋は、アソーレス人にとってはもはや海ではなく、果てにある陸地に渡るべき大河になったのだと考えられるので、この章のタイトルには筆者の友人のブラウン大学のオネジモ博士の言う大西(洋)河(Rio Atlântico)とつけたのです。河と呼ぶ理由は、以下を読み進めることによってさらに明らかになることでしょう。

　さて、アソーレス諸島からブラジルへの移住についてはこれまで述べてきたとおりですが、アメリカへの移住は18世紀後半に始まったようです。アソーレスに寄港したアメリカの捕鯨船がアソーレス人を船上労働者として雇い始めたことが発端で、そのままアソーレス人がアメリカの大地を踏むようになったのです。そのようにしてアソーレス人はアメリカに渡り、主にカリフォルニアに住みました。ブラジルに移住するアソーレス人男性は、ブラジルで兵役につかなければならなかったので、兵役から逃亡するためにもアメリカの捕鯨船に隠れて乗ったのでした。

　19世紀には、サンドイッチ島、ハワイ、カリフォルニア、ニューイングランド地方にアソーレス人は捕鯨船で働きながら渡航しました。この経緯について取り扱ったアソーレス文学を筆者は邦訳していますので、興味のある方は読んでみてください。『アソーレスの黒い火山島』(彩流社)です。それではここで、主にアソーレスのピコ島の方言をほんの少しだけ紹介してみましょう。

　Cambalacho は、「裏取引」に相当する単語です。一般的に言う標準ポルトガル語では negócio clandestino e desonesto; furto です。

　Fatelim は、「油をとった鯨の肉の残りもの」です。別のことばでは restos das gorduras da baleia que os baleeiros não aproveitam e de que ainda é possível extrair algum azeite.

Mais aquela は、「重要人物」です。別のことばでは pessoa de certa importância.

Mangar は、「間違える、騙す」という意味です。別のことばで言いますと enganar.

Melhora は、「もっと」という意味です。これまで私たちが学んだことばとしては mais です。

Poderio は、「多くの」という意味です。私たちは muito と言います。

Queique は、「桶」です。一般的に私たちは balde と言います。

Zâpete は、「瞬間」です。一般的に私たちは instante と言います。

さて、20世紀にも、アメリカへの移住は続きましたが、1920年にアメリカは移住制限にのりだし、アメリカからアソーレスへの送金が禁止されました。そのことによって、アソーレス人はバミューダ、クラサウ、ヴェネズエラに向かいました。このようなことが1953年まで続きました。それ以降は、カナダに向かい始めました。また、1950年代にファイアル島の大規模な地殻変動が続いたので、さまざまな人びとがアメリカ政府に移住を強く求め、被災者家族にだけは移住が許可されました。1920年以降、アメリカへの移住は身元保証人になってくれるすでにアメリカに住んでいる家族からの「呼び出し状」carta de chamada がないと許可されませんでした。年に400人ほどしか移住許可が出ないのですが、アメリカ領事館に登録して自分の移住の順番がくるのを待つしかありませんでした。銀行送金が禁止されると、郵送が一般的になりました。

アソーレス人が好む移住先は、カリフォルニアのほかにマサチューセッツ、コネチカット、ロードアイランド、ニュージャージーです。カリフォルニアへの現代の移住の問題については筆者が関連書を翻訳しましたので、興味のある人は読んでみてください。『チョコレートはもういらない』（ランダムハウス講談社）です。移住したアソーレス人は新しい環境には慣れてよく働くのですが、英

語があまりできないので英語の社会に溶け込めない問題があるようです。言語や移民に興味を持っている人には参考になる本だと思います。

　ブラジルでアソーレス人が言語的に強い影響を及ぼしたのとは反対に、今度はアメリカにおいて英語がアソーレス人のポルトガル語に大きな影響を及ぼしました。alvarozes は作業着のツナギのことです（ポルトガル語では macaco）。英語の overalls を正しく発音せずに、音声面を真似てポルトガル語化 alvarozes となったのです。A minha filha está nos àpesteres.「私の娘は二階にいる」àpesteres は、英語の upstairs の音声を真似て「二階」を意味するポルトガル語になりました。A minha cama é de esporim.「私のベッドはスプリングが入っている」、Esporim は、spring「スプリング、バネ」のことです。ナイトガウン Nightgown のことがポルトガル人には làtigante で、ポルトガル語で máquina という機械 machine は mechine となっていますので、日本語の中に英語が入ってきたときのようなことが起こったと考えられます。ドライブに行く Vamos dar um raite. Raite は英語の ride です。そして、ポルトガル語の動詞の語尾の ar を英語の drive につけて、drivar というアメリカ・ポルトガル語の動詞をも発明して、使われています。

　このように見ていきますと人間というのは、生きるために外国語を自分たちの話しやすいように変形させていることが分かりますね。これは何も、移住してマイノリティになったポルトガル語話者たちが、マジョリティの言語に呑み込まれてしまうということだけを意味しているわけではありません。外国語を変化させて使うだけでなく、母語も同じく変化させて使うこともあります。サン・パウロでは文法的にとても乱れて、動詞も名詞も複数形を使わないような口語表現により会話がなされることがありますが、あまりにも言語が困難であったり規則が厳しいと、話し手はそういったルールから少し自由になりたくなることを証明している現象ではないでしょうか。

補　章
中級ポルトガル語へのチャレンジ

　拙著『ゼロから話せるブラジル・ポルトガル語』（三修社）は、ポルトガル語圏での生活がスムーズにできるように、必要最小限の動詞の機能の知識が得られるようになっています。「ゼロから話せる」シリーズに収めるということで、どうしても内容と構成を他のシリーズの本と合わせることが必要でしたが、それでも「言語学」の観点から重要な動詞の機能と関連表現、形態、語彙、意味などを深く習得できるようになっています。ですから、筆者の入門・初級講座でも使用に耐えます。早く終わった場合は、過去形の知識を増強するためにプリントを使用します。本当ならば、ゼロから始めて過去形を導入する前の第一巻、過去形と不完全過去形を交えての第二巻、第三巻でそれ以外の文法事項をとり扱うというような全三巻くらいの教材があれば、学習者も便利になるでしょう。従来のポルトガル語の参考書にしても教材にしても、一冊で全部を網羅してしまうところにポルトガル語は難しいと思われてしまう理由がいくつかはあるのではないかと思います。ここで紹介する例文も解説にしても付録として一章に一冊としてまとめていますが、なにも初級者用ではありません。ポルトガル語を一度学習した経験があり、中級を目指す人に向けられていますから、初心者用の一冊で網羅しすぎているというこれまで筆者が言ってきたこととは何も矛盾しません。

　いずれにしても、初級は終わったけれどもそのあとの「中級はちょっと」という方は、考えをあらためてみましょう。中級とは初

級でやったことや、やるべきことを確実に定着させてスムーズに言語が活用できるようにするレベルだと思います。慣れることです。その上で、新たな単語、表現、知識を上塗りしていくことが大切です。動詞と単語を中心に定着させて、さらにポルトガル語が上手になるようにしましょう。

---

(1) 動詞 ser （～である）

Hanako: Bom dia. Eu sou Hanako. Muito prazer.
　　こんにちは。私は花子です。はじめまして。
Paulo: Bom dia. Eu sou Paulo. Muito prazer.
　　こんにちは。私はパウロです。はじめまして。
Hanako: Você é brasileiro ?
　　君はブラジル人（男性）ですか。
Paulo: Sim, sou brasileiro. Sou de São Paulo. E você é chinesa?
　　はい。僕はブラジル人です。サン・パウロ出身です。そして君は中国人（女性）ですか。
Hanako: Não, não sou chinesa. Sou japonesa. Sou de Shizuoka.
　　いいえ。私は中国人(女性)ではありません。私は日本人(女性）です。私は静岡出身です。

文法解説

Bom dia は、「おはよう、こんんちは」の意味です。直訳すると「良い日」です。悪天候のときにも挨拶として Bom dia と言います。昼からは **Boa tarde** と言います。どうして、Bom tarde と言わないのか、との質問を受けることがありますが、dia が男性名詞なので、「良い」という形容詞も名詞にしたがって男性の形容詞がつくのです。しかし、tarde が女性名詞なので、形容詞も bom の女性形の boa になる

のです。夜の挨拶「こんばんは、おやすみなさい」の **Boa noite** も同じことです。ここで、ポルトガル語の名詞には男性と女性があり、形容詞も名詞の性に従って変化するということが理解できましたでしょうか。以後、名詞の性のほか、数によって、形容詞や冠詞も変化することを勉強します。

Eu は、主語になる人称代名詞で「私は」です。

Sou は、動詞 ser の三人称単数の活用（変化）です。ser は英語の be 動詞に相当します。主語によって動詞も変化するのです。しかし、主語があきらかに分かるときは、主語を省略しても良いです。強調するときは、主語をつけます。ここの説明の段階で、「私は〜です」との自己紹介ができますね。**Eu sou......** と自分の名前を続けて言えば良いです。男性の人も女性の人も Eu sou から始めて、名前を続けてください。

Muito prazer は、初対面の挨拶で「はじめまして」という意味ですが、もともとは「多くの喜び」という意味です。現在のブラジルでは、初対面でも親しみをこめて「**Tudo bem ?** 元気？」「**Tudo bem.** 元気だよ」という挨拶が交わされます。ポルトガルでは、形式的な初対面の挨拶 Muito prazer は、よく使われますが、やはり堅苦しさをさけて、男性に対して **(Es) tá bom?** 女性に対して **Tá boa ?** 答えは **Bom** (Boa), **obrigado** (a)「元気だよ、ありがとう」と言いますね。また、**Como está ?** とも聞きます。ありがとうの意味の **obrigado** は男性が言うことばです。女性は **obrigada** と言います。

Você は、「君」です。日本語は二人称ですが、以下の動詞 ser の活用の説明にあるように、三人称の動詞が続きますから、「君は〜です」は、Você é.... となります。疑問文は、そのまま？をつけるだけですが、少しだけ語尾をあげます。é は、アクセント記号があります強勢音ですから、「エー」と強く言ってください。

brasileiro はブラジル人男性の意味です。ブラジル人女性は、**brasileira** です。複数になると、それぞれ **brasileiros**、**brasileiras** と

なります。つまり、名詞の複数形にするには、基本的に s をつけます。そして、ここまでの説明で、基本的にポルトガル語の名詞で a で終わるものは女性名詞で、o で終わるものは男性名詞であることが理解できましたね。もちろん例外もあります。新聞記者はジョルナリスタ jornalista といいますが、男女同形です。このような名詞があります。また、子供という名詞は、クリアンサ criança ですが、男の子供でも、女の子供でも、「子供」というものは女性形であるということになっています。

e は、接続詞で「そして」の意味です。動詞の é とは違いますので、発音は「イ」となります。「しかし」は **mas** です。会話で頻繁に使用されます。**chinesa** は中国人女性の意味です。男性は chinês です。**sim** は、英語の yes「はい」です。**não** は、英語の no「いいえ」です。英語の not「～ではありません」も同じ形の **não** で、動詞の前に置きます。

Sou de São Paulo「わたしは、サンパウロ出身です」の文章です。まず、ão の記号は何かといえば、a の箇所は鼻母音で、そこにアクセントがあることを示しています。「サオ」パウロではなく、「サォン」のように鼻にかけて言います。Sou de ＋ 場所で、「～出身です」とか、会社の部署などの「～の所属です」を表します。São Paulo のように、都市名には、定冠詞はつかないので、Sou de となっています。例外として、リオデジャネイロは、o Rio de Janeiro と定冠詞 o が付きますので、Sou de ではなくて、前置詞 de と定冠詞 o がひとつになって do となります。これを前置詞と定冠詞の縮合形といいます。ですから、「わたしはリオデジャネイロ出身です」は、Sou do Rio de Janeiro. となります。国名の Portugal には定冠詞はつきませんが、国によって o や a がつくものがありますので、その時々、出てきたときに覚えましょう。例えば、日本は o Japão ですし、ブラジルは o Brasil です。それぞれ、Sou do Japão. Sou do Brasil. となります。イタリアだと a Itália ですから、「わたしはイタリア出身です」だと

補章　中級ポルトガル語へのチャレンジ　189

Sou da Itália. となりますね。

japonesa は日本人女性の意味です。日本人男性は **japonês** です。ここまでの説明で「わたしは日本人（男性）です」ということが言えます。Sou japonês. ですね。日本人女性は Sou japonesa. です。ê は、アクセント記号で、閉口音です。女性形になるとそのアクセント記号がありません。それは、ポルトガル語の名詞は、基本的に後ろから2番目の母音にアクセントがあるのでアクセント記号が必要ありません。しかし、（単語によって違うと認識して単語が出てきたときに覚えたほうが、規則を覚えるよりも良いと思います）、アクセント記号のある単語はアクセント記号のある箇所を強く読みます。

(1) 動詞 ser「～である」は、英語の be 動詞に相当し、主語になる人称代名詞によって活用（変化）があります。これから出てくる動詞もすべて活用があります。ポルトガルやブラジル南部では、二人称がよく使われます。Tu és japonesa. となります。現在形に関しては、三人称単数の動詞の活用に s をつければよいです。

尚、復習者のために、動詞の時制は、現在以外のものも会話でよく使われる完全過去と不完全過去も説明文にいれてありますが、初心者の読者はまず現在だけを覚えてください。したがって、現在以外の時制についての説明は、まだ後ほどになります。

主語になる代名詞には、一人称単数 eu（私は）、三人称単数 você（君は）、ele（彼は）、ela（彼女は）、o senhor（あなたは（男性に対して））、a senhora（あなたは（女性に対して））、一人称複数 nós（私たちは）、三人称複数 vocês（君たちは）、eles（彼らは）、elas（彼女たちは）、os senhores（あなたたちは（男性に対して））、as senhoras（あなたたちは（女性に対して））です。動詞 ser の現在形は、それぞれ sou, é, somos, são. となります。完全過去は、fui, foi, fomos, foram. です。不完全過去は era, era, éramos, eram です。

動詞 ser は、国籍、職業など、あまり変わらないものを表すとき

に使います。定まった職業をもっていない人や、職をよく変える人はどうかとの質問を受けたことがありますが、職業を述べるときはとにかく ser を使います。Eu sou estudante.（私は学生です）、Eu sou empregado da empresa.（私は、（その）会社の社員です）Os senhores são de Tokyo.（あなた方は東京出身です）、Patrícia é do Brasil.（パトリーシアはブラジル出身です）

(2) 意味がはっきりしているときは、主語になる代名詞は省略されます。Sou japonês.（私は日本人です）

(3) 疑問文と否定文について。疑問文は文末に疑問符？をつけて文末を上がり調子にします。イエスは sim（はい）、ノーは não（いいえ）です。否定文は動詞の前に não をつけます。Você é brasileiro ?（君はブラジル人（男性）ですか？）、Sim, sou brasileiro.（はい、私はブラジルです）、Não, não sou brasileiro.（いいえ、私はブラジル人ではありません）

(4) 名詞の性と数について。名詞には男性名詞と女性名詞があります。例外はありますが一般的に o で終わる名詞は男性名詞、a で終わる名詞は女性名詞です。例外もありますが複数形は s をつけます。carro（車）→ carro**s**、casa（家）→ casa**s**。例外のひとつを紹介しましょう。男性教師という意味の professor は、語尾に es をつけて profess**or**es となります。

(5) 定冠詞と不定冠詞について。定冠詞は、話の筋から、「それ」と分かるものにつけます。「その車」「その家」など。**o** carro、**os** carro**s**、**a** casa、**as** casas。不定冠詞は、特定されていないものにつけます。「ある車」「ある家」など。**um** carro、**uns** carros、**uma** casa、**umas** casas。

　冠詞を用いる場合を紹介しておきましょう。

(a) 物など、あらゆる名前の前には定冠詞また不定冠詞をつけます。しかし、これはあくまでも文法であり、実際の会話では脱落・省略もあります。つまり、文法的にいうと以下で見る、冠詞をつけない

場合にあてはまるのです。(b) 親しい間柄の人名に定冠詞をつける場合があります。(c) 国名に定冠詞をつけます。o Brasil, o Japão. 例外もあります。Portugal はつけません。国、大陸、州、海、大洋、湖、川、島、山、山脈には定冠詞がつきます。(d) 作品名や船舶に定冠詞がつきます。(e) 機関や施設名には定冠詞がつきます。

冠詞をつけない場合も紹介しておきましょう。

(a) 不確定の名詞。つまり、ワインやビールがすきだと言ってもどの銘柄か、限定していなく、漠然としている場合です。(b) 歴史的人物。(c) フルネームの人物名。(d) 都市名。(e) 親族に所有詞がついた場合。しかし、定冠詞がついている場合が多々見られます。ポルトガルでは必ず定冠詞をつけます。(f) casa「家」が「自分の家」という意味のとき。これは、英語で home のときは定冠詞がつく、と言われています。Fiquei em casa todo o dia. 一日中家にいました。Saí de casa. 家から出ました。(g)「陸」という意味のときの単語 terra につけます。(h) 敬称にはつけません。(i) 格言や定義にはつけません。(j) 惑星の名前にはつけません。(k) 日付の前にはつけません。しかし、ナショナルデーなど祝日が名詞となった場合はつけます。o 1 de maio deste ano. 今年のメーデー。(l) 基本的に職業にもつけません。場合によります。「その会社員が会社に入った」なら冠詞は必要ですが、ここで不要というのは、「私は会社員です」とか、「彼は警察官です」という場合です。

(6) あいさつ

Bom dia おはよう こんにちは（午前中）、**Boa tarde** こんにちは（午後）、**Boa noite** こんばんは、おやすみなさい（夜）、**Oi** やあ（友達どうしなどで時間に関係ない）、**Muito prazer** はじめまして、**Igualmente** 同じく（はじめまして、と言われて Muito prazer と繰り返してもよい）、**Como vai ? Vou bem, obrigado** (a). 元気ですか。元気です。ありがとう。

「ありがとう」は、男性は obrigado と言います。女性は obrigada

と言います。Bom dia などの挨拶のあとに、人の名前を付け加えると、とても親しみが出てきます。そのときに、相手が役職が上の人とか、少し遠慮をしたりするときには、男性には **senhor**、女性には **senhora**、既婚女性には **dona**、未婚女性には **senhorita** をつけることがあります。既婚か未婚か分からないときは、senhora を使うのがよいでしょう。

(7) ポルトガル語の発音の多様性について。車の複数形 carros について、言及してみます。リスボンではカーロシュ、コインブラではカーロス、リオではカーホシ、サンパウロでは、カーフスとあえて一般的なカナ表記では表されます。しかし、どこの都市に行ってどの発音をしても通じます。発音にこだわるくらいなら、もっと言い回しや単語を覚えてどんどん話したほうがいいと思います。

練習問題 括弧の中に動詞 ser を活用させていれましょう。

1) Eu (   ) japonês.
2) Você (   ) brasileiro.
3) Eu e vocês (   ) empregados.

解答

1)「私は」が主語ですので、動詞は sou となります。
2)「君は」が主語ですので、動詞は é となります。
3)「私」と「君たち」が主語ですが、「私」がある以上は、一人称複数扱いで「私たち nós」となりますから、動詞は somos となります。

---

(2) **動詞 estar** (〜である)

Hanako: Tudo bem, Paulo?
　　パウロ、ご機嫌いかが?
Paulo: Não estou bem.

調子よくないよ。

Hanako: Então, por quê?

あら、どうして？

Paulo: Porque estou com dor de cabeça.

なぜならば頭が痛いから。

Estou um pouco doente.

病気なんだ。

Hanako: Coitadinho!

かわいそう！

文法解説

Tudo bem ?「ご機嫌いかが？」と聞かれれば、必ずしも「元気だよ、ありがとう」と答える必要はありません。少し調子が悪いときもあります。「調子がよくない」ときは、Não estou bem. と言いましょう。「あまり調子のよくないときは」は Não estou muito bem. となります。「まあまあ」は、Mais ou menos. となります。この「まあまあ」の表現は、日本語の「まあまあ」の用法とほぼそのままに使えますので、いろいろな場合に言ってみてください。

Então は、副詞で、「それじゃあ」の意味です。「そのとき」という意味もあります。間投詞で「さあ」という意味もあります。

Por quê ? についてですが、「なぜ？」と、あとに文章をともなわないときは、quê とアクセント記号がつきます。ところが、あとに文章がくるときは、アクセント記号が必要ありません。Por que você está cansado？「どうして君は疲れているの？」文末に単独でもってくると、はっきり発音するので、アクセント記号がつきます。アクセント記号がついたときのカナ表記は「ポルケー」が一般的なようです。o que「何」も「オキ」ですが、アクセント記号がつくと o quê と「オケー」というカナ表記が良いようです。そして、「な

ぜならば」と答えるときには、1語になります。**Porque** estou com dor de cabeça.

　Coitadinho についてですが、原形は形容詞 coitado「かわいそう」です。形容詞に縮小辞 inho がつくと、「とても」となります。例えば velhinho は、形容詞 velho「古い」の縮小辞形で「とても古い」という意味です。このように形容詞の意味そのものが強調されます。名詞につくと、「小ささ」や「かわいさ」を強調します。例えば、「車」carro の縮小辞は carrinho です。しかし、この場合、「小さな車」という意味と「台車」という意味もあります。つまり、縮小辞になると、もとの意味とは、少し違った意味になる単語もありますので、必ずしも規則にのっとったものではないことを認識しておかなければなりません。増大辞では、「大きい」を意味するだけかと言えば、軽蔑なども含むことがあるのです。例えば、「家」casa が、casarão となると、「大きな家、大邸宅」かといえば、「あばら家」となることがありますので、注意しましょう。

(1) すでに勉強した動詞 ser は、変わらない性質などを表すときに用いられますが、**estar** は一時的な状態、場所などを表すときに用いられます。現在は、estou, está, estamos, estão. 完全過去は、estive, esteve, estivemos, estiveram. 不完全過去は、estava, estava, estávamos, estavam. です。

　動詞 estar の例文を ser と比較してみましょう。

　Pedro está doente.（ペドロは病気です）病気というのは、一時的な状態なので、estar を用います。ser ですと慢性的なニュアンスが強調されることになります。

　João é professor.（ジョアンは先生です）先生であるという職業が、たとえ一時的であるとしても、国籍、職業には ser を用います。

　Eu não estou bem.（私は具合がよくないです）具合が悪いのは、一時的なものですから estar を用います。

Paula está em casa hoje.（パウラは今日家にいます）今日は、家にいるという、いる場所を示すときは、estar です。

Maria é muito bonita.（マリーアはとても美しいです）マリーアは美しいです。化粧ののりもよくて、今日は美しく見えるのではなくて、もともと美人であれば、ser です。ところが、今日はたまたま洋服も派手でいつもとちがって美しい場合は、estar になります。

(2) 形容詞について。形容詞は、修飾する名詞の性数に応じて変化します。

形容詞の位置について。(a) 基本的に名詞のあとにつけます。(b) 単（一）音節の形容詞は通常、形容する名詞の前に置きます。bom dia. mau tempo. (c) 固有名詞を形容する場合は、通常、名詞の前に置かれます。(d) 大臣などに敬意を表する場合の形容詞は、名詞の前に置きます。(e) grande「大きい」という意味の形容詞は、名詞の前につけると「偉大な」いう意味になることがあります。もちろん大きさを強調している場合もないわけではありません。o grande cantor（偉大な歌手）、o cantor grande（大きな歌手）

Ela está doente.（彼女は病気です）の doente（病気の）という形容詞は語尾が e で終わっており、性変化はなく数変化だけです。

(3) estar com... + 抽象名詞、の表現はとても便利です。ぜひ使ってみてください。

「のどがかわいている」、「おなかがすいている」などの表現は estar com + 名詞 が用いられます。もちろん、動詞 estar は主語に応じて変化します。以下は、原形で表現を紹介しますから、使用するときには、動詞 estar を主語に応じて変化させてください。estar com fome（おなかがすいている）、estar com sede（のどがかわいている）、estar com pressa（急いでいる）、estar com sono（眠い）、estar com dor de cabeça（dente, barriga, estômago, olho）頭（歯、腹、胃、目）が痛い。主語に応じて変化させると、以下のようになります。Você está com fome？（君は腹がへっていますか）、Sim, estou com fome.（はい。腹が

へっています)。ちなみに、estar com... は ter... で代用できます。(ter については3課を参照) Eu estou com dor de cabeça. = Eu tenho dor de cabeça.（わたしは頭が痛い）このふたつの表現に差をつけるならば、estar com... は一時的で、ter... の方は慢性的なニュアンスが強い場合がありますから、誤解を与えないように注意してください。

(4) 形容詞の縮小辞について。coitado や coitada などの形容詞の語尾が coitadinho, coitadinha になると muito coitado, muito coitada 非常にかわいそう、の意味になります。これに対して名詞に inho, inha がつくと小ささやかわいさを表わします。mesa（テーブル）→ mesinha など。café などのアクセントのある語や鼻音で終わっている場合は、アクセント記号をとって zinho をつけます。cafezinho. 性と数の変化があります。

(5) por que は英語の why に相当し「なぜ」の意味です。すでに出てきた como「どのように」は、英語の how に相当します。よく使われますので、今、しっかり覚えておきましょう。その他、what に相当する o que「何」とか、who に相当する quem「誰」とか、when に相当する quando「いつ」とか、which に相当する数の変化がある qual「どれ」（複数は quais となります）、where に相当する onde「どこ」があります。ちなみに、英語の how many に相当する quanto は性と数の変化があり、quantos, quanta, quantas と変化します。quanto tempo は「どれくらいの時間」となりますが、quantas vezes「何回」と名詞にしたがって女性形複数になることがあります。

(6) 会話において疑問詞は大切です。会話によく使う疑問詞などが本書第四章にはまとめてあります。会話の受け答えをするには、疑問詞を覚えて使えるかどうかにかかっていると思います。

練習 まずポルトガル語を読み、そして括弧内の日本語だけ見てポルトガル語を言ってみましょう。
Hanako: Tudo bem, Paulo？（パウロ、元気？）

Paulo: Estou com dor de barriga.（おなかが痛い）

Hanako: Você está doente？（病気？）

Paulo: Não, não estou doente.（いや、病気じゃない）

Hanako: Então, por que é que está com dor de barriga？（それじゃあ、どうしておなかがいたいの）

注意：é que は語調を整えたり、意味を強めるために使われることがあります。

練習問題 括弧の中に動詞 estar を変化させていれましょう。

1）Pedro（　　　）em casa.
2）Eu（　　　）com muita fome.

注意：主語にある人は、com 以下の抽象名詞とともに、「一時的に〜である」とのニュアンスです。

3）Você（　　　）doente？

解答

1）ペドロは家にいる、という意味で、ペドロが主語ですから、estar の三人称単数の está が入ります。

2）主語が一人称単数ですから、estou になります。ちなみに、muita fome ですが、とてもお腹が減っている、という意味です。直訳すると、「多くの空腹とともにある」ということで、fome が名詞の女性形なので muita となっています。muito は「とても」の意味の副詞と、「多くの」の意味の形容詞があります。形容詞のときは、名詞の性と数にしたがって変化します。

3）主語は você ですから、三人称単数の変化をさせて、está となります。

（3）**ter**（持つ）**comer**（食べる）**beber**（飲む）**comprar**（買う）**ficar**（いる）

Hanako: Eu estou com fome. Tenho que comer alguma coisa.（おなかがへったわ。何か食べなきゃ）

Paulo: Eu também estou com fome. Tenho dois sanduíches. Você come um?（僕も腹減った。サンドイッチをふたつ持っているよ。ひとつ食べる？）

Hanako: Muito obrigada. Então, eu compro alguma bebida naquele supermercado.（どうもありがとう。それじゃあ、私、あのスーパーで何か飲み物を買うわ）

Paulo. Está bem. Fico aqui.（OK。僕、ここにいるよ）

文法解説

　この課ではさらに引き続き、動詞がさらに出てきます。「持つ」という意味の ter は、会話でとてもよく使いますから、文法解説の箇所にある用法をよく覚えて使えるようにしましょう。その他に、この課では語尾が -ar、-er で終わる規則動詞の変化を勉強します。規則動詞には、語尾が -ir で終わるものもあります。-ôr で終わるものもあります（pôr「置く」など）。しかし、上記の会話例文で無理やり入れると、不自然になりますので、入れていません。

　alguma coisa ですが、不定形容詞 algum は、あとに続く名詞の性と数によって、alguns, alguma, algumas と変化します。単数のときは「ある」という意味で、複数になると「いくつかの」となります。coisa が「物、事」ですので、ここでは、alguma coisa で「何か」です。alguma coisa para comer で、「何か食べもの」という意味です。同様に alguma coisa para beber は「何か飲み物」です。会話でよく使います。

（1）動詞 ter について。動詞 ter は、現在が tenho, tem, temos, têm. 完全過去は tive, teve, tivemos, tiveram. 不完全過去は tinha, tinha, tínhamos, tinham. です。

(a) ter は、所有、持つという意味でよく使われます。Eu tenho um cachorro.（私は犬を一匹もっています（飼っている））。cachorro（犬）という単語が出てきましたので、ついでながらに言いますと、ホットドッグのことは cachorro quente といいます。(b) ter+que (de) + 動詞原形で「〜しなければならない」他の単語では dever と置き換えてもよいです。これは、英語の have to の形に相当します。Tenho que comer.（私は食べなければならない）、Você tem que ficar aqui.（君はここにいなければならない）(c) 3 人称単数の変化 tem+ 名詞（単数・複数）の形で、存在を表します。英語の there is... there are... です。Tem muitos carros.（多くの車がある）

(2) 規則動詞について

　ポルトガル語の動詞は語尾が -ar, -er, -ir で終わるものが多く、規則変化動詞といいます。不規則動詞もあります。これはあとで見ますが、すでに ser, estar, ter が出てきました。**comprar**（買う）は語尾が ar で終わる **-ar 動詞**です。現在は、compro, compra, compramos, compram. です。完全過去は、comprei, comprou, compramos, compraram. です。不完全過去は、comprava, comprava, comprávamos, compravam. です。Eu compro uma revista naquela loja.（私はあの店で雑誌を一冊買う）naquela は前置詞 em+ 指示詞（あの）aquela の縮合形です。この課にあります指示詞の説明で確認してください。前置詞 de と指示詞 esta が縮合すれば desta となります。Eu compro este. 私、これを買う。= Eu fico com este. 私、これを買う。

　ficar（いる、とどまる、位置する）の変化をみてみましょう。現在は、fico, fica, ficamos, ficam. です。完全過去は、fiquei, ficou, ficamos, ficaram です。不完全過去は、ficava, ficava, ficávamos, ficavam. です。例文は次のものを見てみましょう。Eu fico em casa.（私は家にいます）A estação fica perto daqui.（その駅はここから近くにあります）、perto daqui (de +aqui) は「ここから」という意味です。以下の場所を表す

言い回しは、必ず暗記しましょう。perto de...「〜の近くに」、longe de...「〜の遠くに」、ao lado de...「〜のそばに」、em frente de...「〜の前に」、atrás de...「〜の後ろに」すでに初級で暗記したことだと思いますが antes de...、depois de... も、それぞれ時間的・空間的に「〜の前に」「〜のあと（後、次）に」の意味を表します。その他、動詞 ficar は「〜になる」という状態の変化を表すことがあります。Eu fico doente.「私は病気になる」→病気でない状態から病気になることを表します。つまり、これまでに学んだ状態を表すものとは違います。Eu estou doente.「私は病気です」

-er 動詞の comer（食べる）の変化を見てみましょう。現在は、como, come, comemos, comem. です。完全過去は、comi, comeu, comemos, comeram. です。不完全過去は、comia, comia, comíamos, comiam. です。Hoje eu como um peixe.（私は今日魚を食べる）このように、現在形は未来を表わすこともできます。

-er 動詞 beber（飲む）の変化を見てみましょう。現在は、bebo, bebe, bebemos, bebem. です。完全過去は、bebi, bebeu, bebemos, beberam. です。不完全過去は、bebia, bebia, bebíamos, bebiam. です。Eu bebo um copo de água.（私はコップ一杯の水を飲む）

-ir 動詞 abrir（開ける）の変化を見てみましょう。現在は、abro, abre, abrimos, abrem. です。完全過去は、abri, abriu, abrimos, abrem. です。不完全過去は、abria, abria, abríamos, abriam. です。Eu abro a janela.（私はその窓を開ける）。abrir「開ける」の反対の意味の語は、fechar「閉める」です。このように、語彙をひとつ増やしましょう。

指示詞（指示代名詞と指示形容詞）指示詞の前には冠詞をつけませんので注意しましょう。これ・この、それ・その、あれ・あの、の順番で男性単数は、este, esse, aquele です。男性複数は、estes, esses, aqueles です。女性単数は、esta, essa, aquela です。女性複数は、estas, essas, aquelas です。

練習1 以下の日本語を見て、ポルトガル語を言ってみましょう。

Hanako: Eu tenho um livro muito interessante.（私はとても面白い本を一冊もっているわ）

Paulo: Ah é ?（あ、そう）

Hanako: <u>Olha</u> este livro branco.（この白い本を見て）

Paulo: Esse é sobre o Brasil, não é ?（それは、ブラジルについてだね）

Hanako: Exatamente.（そのとおり）

Paulo: Então, <u>tenho que</u> ler esse livro.（それじゃ、その本を読まなきゃ）

注意：下線部 Olha は、動詞 olhar「見る」の三人称単数の変化です。その他、上記の例文では、所有、必要・義務を表す「ter+que 動詞原形」の表現がポイントとなっています。

練習2 これまでの復習もかねて日本語を見てポルトガル語を言ってみましょう。

Médico（医者）: <u>O que（você）tem</u> ?（どうしましたか←「何を持っていますか」が直訳です。）

Paciente（患者）: Estou com dor de barriga.（お腹が痛いんです。）

注意：下線部 O que tem ? は、お医者さんにかぎらず、人に具合を聞くときの決まり文句です。

練習問題1 括弧の中に動詞を変化させていれましょう。

1) Eu（　　　）este chope.（私はこの生ビールを飲みます。）
2) Ele（　　　）mais !（彼はもっと食べる！）
3) Ela（　　　）em casa hoje.（彼女は今日家にいます（とどまります）。）

解答

1) 飲むという動詞 beber を一人称単数でいれますと、bebo となります。ちなみに「生ビール」chope は、男性名詞です。「ビール」cerveja は、女性名詞です。

2)「食べる」comer を三人称単数でいれますと、come になります。
3)「彼女が家にいる」ので、estar も考えられますが、「とどまる」というニュアンスから ficar を使って、fica となります。

練習問題2 日本語を見ながら、本文と同じようにポルトガル語を言ってみましょう。つまったりできないときは、すぐ下の解答を見ながらでもやって、反復してポルトガル語に慣れていきましょう。

― おなかがへったわ。何か食べなきゃ
― 僕も腹へってる。サンドイッチをふたつ持っている。ひとつ食べる？
― どうもありがとう。それじゃあ、私、あのスーパーで何か飲み物を買うわ
― OK。僕、ここにいるよ

解答例
― Eu estou com fome. Tenho que comer alguma coisa.
― Eu também estou com fome. Tenho dois sanduíches. Você come um?
― Muito obrigada. Então, eu compro alguma bebida naquele supermercado.
― Está bem. Fico aqui.

---

(4) **gostar de...**（～が好き）

Hanako: Você está com pressa？（君、急いでいるの？）
Paulo: Não. Por quê？（いいえ。どうして？）
Hanako: Você gosta de beber cerveja？（君、ビール飲むの好き？）
Paulo:（Sim,）gosto muito.（(うん。)とても好き）

Hanako: Então, bebemos juntos naquela cervejaria.（それじゃあ、あのビアホールで一緒に飲もう）

Paulo: Boa idéia.（いい考えだ→いいね）

文法解説

está com pressa ?「急いでいるの」は、「時間あるの」tem tempo ? とか、「忙しいの」está ocupado ? などと置き換えてもいいです。つまり、人を暗に誘っているのです。

gostar de + 名詞または動詞原形の言い回しは「～が好き」という意味です。–ar 動詞です。とてもよく使いますので、あとに続ける単語とセットで覚えましょう。

sim「はい」と言ってもよいですが、ポルトガル語では、断定するときには、質問に用いられた動詞の一人称を使います。sim は、英語で言うと、well 程度しか意味をなさないそうです。ですから、(Eu) gosto muito. と sim を省略して断定する言い回しがあります。**juntos** は、「一緒に」という意味です。**naquela** は、前置詞 em+ 指示詞 aquela の縮合形です。

cervejaria は、ここでは「ビアホール」と訳語をあてていますが、テーブルのほかカウンターのある居酒屋や立ち飲み屋などにもあたります。しかし、「居酒屋、一杯飲み屋」としては、barzinho, botequim などがあります。**Boa idéia** の boa は bom の女性形です。英語と同じように、比較級 melhor、最上級 ótimo があります。「最高の考えだね」というときは、idéia が女性形ですから、ótima idéia となります。あくまでも形容詞ですから、名詞の性・数にしたがって変化しますが、比較級の melhor は melhores と数変化しかありません。idéia は「考え、アイディア」です。

gostar はつぎに好きなものを言うときには de を必ずともない

ます。とても好きなときは muito を入れますが、位置に注意しましょう。日本人の発想の語順で Muito gosto としないように。gosto muito de... の語順になります。もちろん、否定形は、動詞の前に não をつけます。その場合、não gosto muito de... と言えば、「あまり好きではない」となります。本当にまったく好きでないという意味を出すには、não gosto nada de... として強調します。また、muito のほかに、imenso を同じ意味で使うこともあります。muito の位置に mais「もっと」を入れることもできます。副詞 mais の場合は文脈により比較級「より〜」か、最上級「もっとも〜」かを判断します。

　動詞 gostar の変化を見てみましょう。現在は、gosto, gosta, gostamos, gostam. です。完全過去は、gostei, gostou, gostamos, gostam. です。不完全過去は、gostava, gostava, gostávamos, gostavam. です。

　gostar de のあとは名詞か動詞の原形がきます。Eu gosto muito de churrasco.（私はシュラスコがとても好きだ）Eu gosto mais de comer churrasco.（私はシュラスコを食べることが「より」・「もっとも」（文脈で判断します）好きだ）

練習　まず、ポルトガル語を読み、日本語を見ながらポルトガルを言ってみましょう。

Mika: Você tem tempo hoje à noite?（君、今日の夜時間ある？）

Paulo: Não. Tenho que estudar em casa. Mas por quê?（いや。家で勉強しなくちゃ。でもどうして？）

Mika: Tenho duas entradas da discoteca...（あのディスコの入場券2枚もってるんだけど）

Paulo: Ah! Então, eu não estudo.（あー、それじゃ、勉強しない）

　動詞 estudar「勉強する」が出てきました。「仕事する・働く」は trabalhar です。「休憩する」は、descansar です。「はじめる」começar、「終わる」terminar, acabar です。すべて、-ar 動詞です。

日常生活でよく使いますので、覚えてしまいましょう。

練習問題1　括弧の中に動詞 gostar を現在で活用させて入れましょう。
1）Nós não（　　　）muito de trabalhar à noite.
2）Você（　　　）de estudar <u>depois do jantar</u>？
注意：「夕食後」という意味です。ここでは、jantar は定冠詞をともないながら名詞として使われています。jantar は動詞もあります。もし、ここで動詞として使われたならば、定冠詞はつきません。このことはとても大切です。
3）Eles（　　　）mais de morar no Brasil.

解答
1）主語が一人称複数なので gostamos となります。仮に、完全過去形を入れるのであれば同形ですが、ポルトガルでは gostámos とアクセント記号が必要です。
2）主語が Você ですから、三人称単数の gosta になります。仮に完全過去形を入れるのであれば、gostou となります。
3）主語が三人称複数なので、gostam です。仮に、完全過去形を入れるのであれば、gostaram となります。
注意：過去形には、ontem「昨日」、anteontem「一昨日」、a semana passada「先週」、o mês passado「先月」、o ano passado「昨年」などの語と一緒によく用いられますので、暗記して活用しましょう。

練習問題2　日本語を見ながら、ポルトガル語で言ってみましょう。
― 君、急いでいるの？
― いいえ。どうして？
― 君、ビール（飲むの）好き？
― うん。とても好き

― それじゃあ、あのビアホールで一緒に飲もう
― いい考えだ→いいね

解答例

― Você está com pressa?
― Não. Por quê?
― Você gosta de beber cerveja?
― (Sim,) gosto muito.
― Então, bebemos juntos naquela cervejaria.
― Boa idéia.

---

(5) **querer** + 名詞「～がほしい」、**querer** + 動詞原形「～したい」、**ir** + 前置詞 **a...**「～へ行く」

Hanako: Você quer ir ao cinema comigo hoje?(君、今日、私と一緒に映画に行きたい？)
Paulo: Claro que quero! Já vamos?(もちろん行きたい！ すぐに行く？)
Hanako: Agora não. Vamos ao cinema depois do jantar.(いまじゃないわ。夕食のあとに行きましょう)
Paulo: Está bem. A que horas e onde vamos encontrar?(OK、何時にどこで会おうか？)
Hanako: Vamos encontrar às 9 horas em frente da estação.((あの)駅前で9時に会いましょう)
Paulo: Combinado. Vamos de táxi.(了解、タクシーで行こう)

文法解説

comigo のところですが、「私と一緒に」という意味です。com

eu とは言いません。**Claro que quero** ですが、Claro だけでも、「当然」という意味で用いられます。しかし、Claro que+sim, não のほか、質問された動詞をそのまま一人称で変化させて言うこともあります。例えば、Você vai à praia hoje ? Claro que vou. です。

A que horas.... ?「何時に〜する？」の表現です。答えは、1時台だと、À+数字、2時以降だと Às+数字、となります。「〜時〜分に」の場合は、数字 + e（イ）+ 数字になります。例えば、「5時半に」だと às cinco e meia となります。meia は 1 時間 hora の半分という意味で 30 分を表現するときによく用いられます。口語だと、「〜時に」の「に」にあたる À や Às は省略されて、数字だけいう場合があります。

Combinado についてですが、動詞 combinar の過去分詞で、「打ち合わせした」が語句本来の意味です。つまり「OK です」という意味です。他に、「了解」の意味として、entender「理解する」の一人称単数過去の entendi もよく用いられます。

Vamos de táxi の表現ですが、「de + 交通機関」で交通手段を表します。この場合、冠詞はつきません。

1）動詞 ir は不規則動詞です。「行く」という意味です。短時間の滞在場所へいくなら前置詞 a をともない、長時間ならば前置詞 para を伴いますが、口語ではほとんど混用されているようです。

動詞 ir の変化を見てみましょう。現在は、vou, vai, vamos, vão. です。完全過去は、fui, foi, fomos, foram. です。不完全過去は、ia, ia, íamos, iam. です。

ir + 動詞原形で**近接未来形**です。口語では未来についてはほとんどこの形で表します。近接未来形の構成要件を満たしているからといっても Vou ir, Vamos ir、つまり（ir+ir）はありません。Vou, Vamos と言います。同じように、来るという語 vir も Vou vir, Vamos vir などと（ir+vir）とは言いませんので、活用（変化）させて

Venho, Vimos となります。Eu vou à (a+a) praia com você.（私は君と一緒に海辺に行きます）、Vou ao banco e depois vou para o trabalho.（私は銀行に行って、その後仕事に行きます）、Vamos comer o churrasco！（さあ、そのシュラスコを食べよう！）

2）動詞 querer は、動詞原形をともなって「〜したい」、名詞をともなって「〜が欲しい」になります。いずれも会話ではよく使う言い回しです。三人称単数現在が不規則変化しますので注意しましょう。

動詞 querer の変化を見てみましょう。現在は、quero, quer, queremos, querem. です。完全過去は、quis, quis, quisemos, quiseram. です。不完全過去は、queria, queria, queríamos, queriam. です。Eu quero telefonar.（私は電話したい）、Você quer beber alguma coisa？（君は何か飲みたいですか）、Eu quero um suco.（私はジュースが欲しい）

3）前置詞 com は「〜と一緒に」の意味ですが、「私と一緒」、「私たちと一緒」は comigo, conosco です。

4）交通手段は「ir + de 乗りもの」、で表現します。「私は、車で行く」ならば、Vou de carro. バスで de ônibus（ポルトガルでは autocarro）。飛行機で de avião, 船で de navio（ポルトガルでは barco）、自転車で de bicicleta, 乗せてもらって de carona（ポルトガルでは boléia）、地下鉄で de metrô（ポルトガルではアクセント記号なし metro）。しかし、歩いての場合は a pé となるので注意しましょう。

5）「何時に」は A que horas ~?「〜に」は、1 時台は à uma (hora) (e)...「2 時以降」は、às duas (e)... ちなみに「いま何時ですか」は Que horas são？ 答えるときに、1 時台は É ... 2 時以降は São... しかし、口語では、動詞を省略してそのまま数字を言う人もいます。

練習 まず、ポルトガル語を読み、そして日本語を見てポルトガル語を言ってみましょう。

Hanako: Eu quero viajar pelo Brasil.（私はブラジルを旅行したいわ）

Paulo: Que bom! Quando você quer viajar？（なんて素敵！いつ旅したいの）

Hanako: Talvez, no ano que vem.（多分、来年）

Paulo: Eu acho que você vai gostar muito do Brasil.（君はブラジルをとても好きになると思う）

Hanako: Também acho.（私もそう思う）

注意：viajar por....「〜を旅行する」、Que + 形容詞！で感嘆文です。Talvez の箇所に、Acho....「思う」を代用することができます。Acho que は、動詞 achar「思う」の一人称現在です。英語で I think that... です。

練習問題 カッコ内の動詞を活用（変化）させましょう。

1) A: Você＿＿＿＿（querer）？
   B: Não quero, obrigado.
2) A: Quero comer este. Você também quer？
   B: Também＿＿＿＿（querer.）
3) A: Agora você＿＿＿＿（ir）para casa？
   B: Vou para casa, porque estou cansado.

解答

1) querer の三人称単数ですから、quer となります。
2) Você の相手は Eu です。つまり、一人称単数の quero です。
3) ir の三人称単数ですから、vai です。

練習問題２ 日本語を見ながら、ポルトガル語で言ってみましょう。つまってしまうときは、下の解答例をみながらやってみましょう。

— 君、今日、私と一緒に映画にいきたい？
— もちろん行きたい！ すぐに行く？

— いまじゃないわ。夕食のあとに行きましょう
— OK、何時にどこで会おうか？
— （あの）駅前で9時に会いましょう
— 了解、タクシーで行こう

解答例

— Você quer ir ao cinema comigo hoje?
— Claro que quero! Já vamos?
— Agora não. Vamos ao cinema depois do jantar.
— Está bem. A que horas e onde vamos encontrar?
— Vamos encontrar às 9 horas em frente da estação.
— Combinado. Vamos de táxi.

---

(6) **fazer**（する）、**jogar**（サッカーなどを「する」）、**brincar**（遊ぶ）

Hanako: Paulo, o que gosta de fazer?（パウロ、君、趣味は？）
Paulo: Gosto de jogar futebol.（サッカーするのが好き）
Hanako: No Brasil, todos gostam, né?（ブラジルでは、皆が好きなのね）
Paulo: No Brasil, todas as crianças brincam com a bola de futebol.
（ブラジルでは、子どもは皆サッカーボールで遊ぶんだ）

文法解説

O que gosta de fazer? ですが、ホビー・趣味を聞くときにも用いられる表現です（ブラジル人は、英語でhobyと言いますが、hを発音しませんから、オビーとなります）。

Todos は、todoの複数で、主語になり、「すべての人」という意味の代名詞です。形容詞のときは、名詞にあわせて性と数の変化が

あります。しかし、その場合 todo と名詞の間に定冠詞をはさみます。どういうことか言いますと、todos os dias「毎日」、todas as semanas「毎週」、todos os homens「すべての男性」といったようにです。

1) 動詞 fazer は英語の do「する、つくる」などに相当しますのでいろいろな意味があり、さまざまな状況で使います。

　動詞 fazer の変化を見てみましょう。現在は、faço, faz, fazemos, fazem. です。完全過去は、fiz, fez, fizemos, fizeram. です。不完全過去は、fazia, fazia, fazíamos, faziam. です。Você gosta de fazer um bolo？（君はケーキつくることが好きですか）fazer は「料理する」を意味する動詞 cozinhar を代用します。Amanhã eu vou fazer isso.（明日、私はそれをします）、Vamos fazer compras.（買い物にいきましょう。買い物をしましょう）

2) jogar は、サッカーなど英語の play に相当する動詞です。しかし、play に相当するからといっても、音楽関係の楽器演奏のときは tocar を使います。jogar も tocar も brincar と同様にすでに勉強した -ar 動詞です。しかし、一人称単数過去の活用は joguei となり、u が入ります。これは、「ガ」の音を残すためにスペルが変更となるのです。brincar は「遊ぶ」という動詞ですが、冗談を言ったりしている場合にも用います。Ele está brincando.（彼はふざけているんだよ）。brincar の一人称単数過去の活用は、brinquei となります。これも音声上スペルが変更となります。このような動詞がありますので注意しましょう。

練習　まず、ポルトガル語を読み、そして日本語を見ながらポルトガル語で言ってみましょう。

Hanako: Você gosta de fazer alguma comida？（君、何か食事をつくるの好き？）

Paulo: Não gosto! Só quero comer.（いや。食べるだけがいい）

Hanako: Eu gosto de cozinhar. Você quer comer a feijoada？（私は料理するの好き。君フェイジョアーダ食べたい？）

Paulo: Claro！（もちろん！）

Hanako: Então, vou fazer para você hoje à noite.（それじゃ、今夜、君のためにつくるよ）

練習問題 括弧内の動詞を活用（変化）させましょう。

1) A: Você_____（fazer）isso？
   B: Faço.
2) A: Você vai fazer isso？
   B: Claro que não_____（fazer）.
3) A: Você quer fazer isso？
   B: Claro que_____（querer）！

解答例

1) faz　三人称単数です。
2) faço　一人称単数です。または、近接未来で、vou fazer。
3) quero　一人称単数です。または、quero fazer。

練習問題２ ポルトガル語で言ってみましょう。

— パウロ、君、趣味は？
— サッカーするのが好き

解答例

— Paulo, o que gosta de fazer？
— Gosto de jogar futebol.

（7）**Não posso**（fazer isto）.（（私は、それは）できません）

> Hanako: Você não quer vender o seu carro?(君の車売りたくない?)
> Paulo: Não posso(vender o meu carro).((僕の車を売ることは)できないよ)
> Hanako: Mas, por quê?(でも、どうして)
> Paulo: Eu preciso do meu carro para passear.(ドライブのために僕の車が必要さ)
> Hanako: Ah é?(あ、そう)

文法解説

Mas, por quê? は、「でも、どうして」という意味で、会話に頻繁に使われます。会話が途切れないように、ぜひ、使ってみてください。**Ah, é?** も、「ああ、そう」という意味で、会話でよく使われます。

1) 動詞 poder は英語でいうと may に相当します。可能を表す場合は「状況的可能」のみであり、能力的可能ではありませんので注意しましょう。能力的可能は、他の動詞 saber です。あとで出てきます。

poder はすでに勉強した querer、fazer、gostar と同様に会話でよく使用され、とても重要な動詞です。ぜひ定着させましょう。動詞 poder の変化を見てみましょう。現在は、posso, pode, podemos, podem. です。完全過去は、pude, pôde, pudemos, puderam. です。不完全過去は、podia, podia, podíamos, podiam. です。

a) 状況的可能:Posso ir ao supermercado hoje.(私は今日スーパーマーケットに行くことができる)
b) 許可:Posso entrar?(入ってもよろしいですか)
c) 依頼:Pode ligar(acender)?((電気のスイッチなどを)入れてくれますか)、Pode desligar(apagar)?((電気のスイッチなどを切ってくれますか)

poder は上述のように依頼を表わすことがあります。ポルトガル語文法には接続法を使った命令形が存在しますが、すべて上述の依頼を表わす方法で代用して、婉曲さを出して、「～してください」とお願いしてみてはどうでしょうか。命令口調は、私たちには必要ないのではないでしょうか。poder 動詞の三人称単数 pode+ 動詞原形です。人に与える印象が違います。皆さんもぜひ、命令形よりもこちらの言い回しを使ってみてください。

　たとえば、飛行機の搭乗ゲートで、切符を機械に差し込んで、チューブのような狭い通路に入るときに、長い列ができて混雑するのを予見した空港職員の女性が、世界共通語と言われる英語で Stop. と言います。実際に、筆者はそれを聞きました。また、筆者は大使館の文化担当官の通訳で会合に行ったときのことです。受付で、ポルトガル語を専攻していると思われる外国語学部学生が接続法（本書ではのちほど学びます）を使って、外交官に対して丁寧な命令形と習ったに違いない「待ってください」Espere. というのを聞いて、接続法の命令形の使いかたと、ニュアンスに問題点があると感じました。つまり、英語なら Please くらいをつけるべきでしょうし、ポルトガル語では、やはり最低でも Pode esperar um pouco？はいわなければいけないでしょう。ここで、「最低」といったのは、poder を不完全過去 podia で使うと、もっと丁寧になるからです。過去未来 poderia（あとで出てきます）ならばさらにもっと丁寧になるからです。

2）precisar はそのあとに動詞の原形をともなって「～することが必要である」ですが、名詞をともなった場合は de が必要となります。Eu preciso de você.（私は君が必要だ）しかし、ポルトガルでは、de をほとんどいつも伴います。ここで、前置詞のあとの、「君」という語についてですが、ブラジルでは ti を使うことが多いです。目的語でも te が多いです。つまり、Eu te amo.（私は君を愛する）。

3）passear は「散歩する」ですが、車の場合はドライブです。passear de carro です。andar de carro とも言います。動詞 passear の

現在の変化を見てみましょう。passeio, passeia, passeamos, passeiam. です。

4）**所有詞**は、修飾する名詞の性数に合わせて変化します。

男性単数・複数、女性単数・複数の順に「私の」は、meu, meus, minha, minhas.「私たちの」は、nosso, nossos, nossa, nossas.「君（たち）の、あなた（方）の」は、seu, seus, sua, suas. となります。

「彼（ら）の、彼女（ら）の」には dele, dela, deles, delas. という形があります。o carro dele (de+ele)「彼の車」という所有者を明確にできる方法があります。

練習 日本語を見ながらポルトガル語を言ってみましょう。

Paulo: Você não quer ir à praia amanhã？（明日、海に行きたくない？）
Mika: Posso ir. Mas não posso nadar.（私、行けるけど泳げないわよ）
Paulo: Nossa！（おやまあ！（びっくりしたときに言う Nossa Senhora マリア様の略））
Mika: Porque não gosto de nadar. Só passear.（泳ぐの好きでないから。散歩だけね）
Paulo: Ah. Que pena！（あー。なんて残念！）
Mika: ?!

練習問題 括弧内の動詞を活用（変化）させましょう。

1）A: Eu_____（poder）ir ao cinema hoje. Quer ir？
   B: Não_____（ter）tempo.
2）A: Você_____（poder）abrir a janela？
   B: Claro que_____（poder）.

解答

1）A: poder の一人称単数現在ですから、posso です。
   B: 相手に、「君も行きたい？」と聞かれているので、答える側は、

「私」で答えます。ter の一人称単数現在ですから、tenho となります。

2）A: poder の三人称単数現在ですから pode です。

　B: 答える側は、「もちろん〜です」の表現ですから、質問者側の使った動詞で一人称単数現在で posso となります。しかし、abrir を使って、Claro que abro とか、Claro que vou abrir と言っても大丈夫です。

練習問題２　日本語を見ながらポルトガル語で言ってみましょう。
── 君の車売りたくない？
──（僕の車を売ることは）できないよ
── でも、どうして
── ドライブのために僕の車必要さ
── あ、そう

解答例
── Você não quer vender o seu carro ?
── Não posso（vender o meu carro）.
── Mas, por quê ?
── Eu preciso do meu carro para passear.
── Ah é ?

（8）**Não sei.**（わかりません。知りません）

Hanako: Você sabe falar japonês ?（君は日本語話せる？）
Paulo: Não sei.（話せない）
Hanako: Então, vou ensinar.（じゃあ、教えてあげる）
Paulo: Não obrigado. Não quero estudar japonês.（いや、結構。日本語を勉強したくない）

<pre>
                              *
Paulo: Você sabe onde fica a estação de Myogadani？（茗荷谷駅どこ
にあるか知っている？）
Hanako:（Eu）sei.（知っているわ）
Paulo: Pode ir comigo？（僕と一緒に行ってくれる？）
Hanako: Agora não posso. Estou ocupada.（いまだめ。忙しい。）
Paulo: Por quê？（どうして）
Hanako: Estou vendo a televisão.（テレビみてるから）
</pre>

文法解説

1) saber は知識、技能などを「知っている」ことを表します。不定詞（動詞原形）を伴って、〜することを知っている、つまり「〜できる」となります。saber は「能力的可能」を表すのに対して、poder は「状況的可能」を表すので注意しましょう。

　動詞 saber の変化をみてみましょう。現在は、sei, sabe, sabemos, sabem. です。完全過去は、soube, soube, soubemos, souberam. です。不完全過去は、sabia, sabia, sabíamos, sabiam. です。Eu sei falar inglês.（私は英語を話せる）、Ele sabe nadar.（彼は泳げる）、Eu sei matemática.（私は数学を知っています（できる、得意））、Sei lá は、Não sei（知りません、わかりません）と同じ意味なので注意しましょう。

2) 動詞 ver「見る」は不規則動詞です。現在は、vejo, vê, vemos, vêem. です。完全過去は、vi, viu, vimos, viram. です。不完全過去は、via, via, víamos, viam. です。テレビを見るは assistir à televisão と言いますが、他に口語では ver a televisão とも言います。相手は、どちらを使っていようが、言いやすいほうのどちらかを使いましょう。そのことによって慣れてくれば、どちらも使えるようになります。

3) 現在進行形について。ポルトガル語の現在進行形は estar（主語にしたがって変化します）+ 現在分詞です。現在分詞は –ar 動詞は –

ando、–er 動詞は –endo、–ir 動詞は –indo なります。主語が女性だからといって語尾は a で終わりません。性数の変化はありません。telefonar「電話する」は telefonando、comer「食べる」は comendo、abrir「開ける」は abrindo となります。例文を見てみましょう。Ela está telefonando agora.（彼女いま電話をしています）、Nós estamos comendo agora.（私たちはいま食べています）、Eu estou abrindo a janela.（私は窓をあけています）ちなみに「閉める」は fechar です。

　過去進行形は estar の不完全過去 estava... + 現在分詞になります。また、ポルトガルではブラジルとちがって現在分詞を使わずに estar +a+ 動詞原形で進行形を表現します。

練習問題　括弧内の動詞を活用（変化）させましょう。
1）A: Você_____（saber）falar português？
　　B: Sei.
2）A: Fala português？
　　B:_____（falar），mas um pouco.
3）A: O que você está_____（fazer）agora？
　　B: Nada.

解答
1）saber の三人称単数現在ですから、sabe となります。「ポルトガル語話せますか」の意味です。
2）一人称単数現在ですから Falo です。
3）現在進行形です。現在分詞は fazendo です。「いま、何しているの」の意味です。その答えは、「何も（してない）」の意味です。ポルトガルだと、O que está a fazer？となります。

練習問題２　日本語をみながら、ポルトガルを言ってみましょう。
──　ねえ、パウロ。君、泳げる？

― もちろん泳げるさ。でもいまは泳げない
― どうして？
― だって、いま風邪ひいてるから
― かわいそう！

解答例

― Olha, Paulo, você sabe nadar?
― Claro que sei. Mas agora não posso nadar.
― Então, por quê?
― Porque agora estou resfriado.
― Coitado!

---

(9) **conhecer**（知っている）

Paulo: Você conhece um bom restaurante brasileiro perto daqui?（君はこの近くでいいブラジル料理店知っている？）

Hanako: Eu conheço um restaurante, mas um pouco caro.（知っているけど少し高いわ）

Paulo: Será que não tem mais barato?（もっと安いのないのかな？）

Hanako: Ah, conheço, mas muito longe.（あー、知っているけどとても遠いわ）

Paulo: Onde fica?（どこにあるの？）

Hanako: Em São Paulo...（サン・パウロにある）

Paulo: Nossa!（ええ！）

文法解説

1) conhecer は、人や場所などを（経験などを通じて）知っていることを表します。

動詞 conhecer の変化を見てみましょう。現在は、conheço, conhece, conhecemos, conhecem. です。完全過去は、conheci, conheceu, conhecemos, conheceram. です。不完全過去は、conhecia, conhecia, conhecíamos, conheciam. です（動詞 agradecer「感謝する」も動詞 conhecer と同じように変化します）。この動詞は、文脈によって、「会う」とか「行く」というふうな訳語があてられることがあります。Eu quero conhecer a sua amiga.（私は、あなたの友達に会いたい）、Eu quero conhecer o Brasil（私はブラジルに行きたい）。Eu conheço Maria.（私はマリーアを知っている（すでに会ったことがある））。この文章は、目的語を使って Eu a conheço（私は彼女を知っている）と言いかえることができます。また口語では、主語になる代名詞 ela を使って、Eu conheço ela. とよくいいます。ここで以下に目的語をまとめておきます。まず、**直接目的語**「私を」me、「私たちを」nos、「彼を、それ（男性単数）を」o、「彼女を、それ（女性単数）を」a、「彼らを、それら（男性複数）を」os、「彼女らを、それら（女性複数）を」as です。**間接目的語**「私に」me、「私たちに」nos、「あなたに」lhe、「あなた方に」lhes となります。lhe, lhes は前置詞 a（para）＋ 主語代名詞の形が多く用いられます。a ele, a ela, a eles, a elas

2）será は ser の未来形ですが、Será que 〜で現在の推量を表します。Será que vai chover.（雨降るのかしら）

3）caro「高い」と barato「安い」は 形容詞なので名詞にあわせて性と数の変化をします。いずれも muito caro「とても値段が高い」、mais caro「もっと高い」とか、muito barato「とても値段が安い」、mais barato「もっと安い」とよく言いますので何回も音読して慣れましょう。perto「近い」と longe「遠い」、いずれも de（ジ）を伴いますので、perto da estação de Shibuya, longe da estação de Shibuya と暗記しましょう。

練習問題 1　括弧内の語を活用（変化）させましょう。

1) A: Você _____（conhecer）aquele homem ?
   B: Não conheço .
2) A: Conhece algum restaurante bom ?
   B: Sim _____（conhecer）alguns.

解答

1) 三人称単数現在ですから、conhece となります。
2) 相手が話しかけたので、答えるほうは一人称単数現在ですから conheço となります。

練習問題 2 日本語を見ながら、ポルトガル語で言いましょう。

— 大きい本屋さん知ってる？　日本語の辞書を買いたいんだ
— 池袋にあるわ。とても大きいわ
— なんてすてきだ！　それじゃあ、行こう！
— 私、行かなければならないの？　いやだ！　いま疲れているの！

解答例

— Você conhece uma livraria grande ? Quero comprar um dicionário de japonês.
— Tem uma em Ikebukuro. Muito grande.
— Que bom ! Então, vamos !
— Eu tenho que ir ? Não quero ! Estou cansada agora!

　さて、これまでブラジル・ポルトガル語に触れてきましたが、ここからは過去形（完全過去と不完全過去）、近接未来やその他の時制を交えながら、多彩な会話ができるようにする強固な土台を築きます。復習目的の方は、覚えているかをチェックしてみてください。また、一度、文章を読んで、その後本を見ないで音読を繰り返す

ことも定着させるには有効です。理解しているだけでは話せません。スムーズに口に出るまで音読・暗記が必要です。それができるようになったら「中級」でしょう。以下のように、一日の出来事を1分でも2分でも話せて質問をされて答えること（受け答え）が、筆者の講座の中級以上の目標なのです。

（10）**Eu acordei às seis e meia.**（6時半に起きた）

A vida diária de Hanako.（花子の毎日の生活）

Hanako: Hoje eu acordei cedo. Às 6 e meia.（私は今日6時半に起きた）
Tomei café da manhã.（朝食をとった）
Saí de casa às 7.（家を7時に出た）
Cheguei ao escritório às 8 e meia.（8時半に事務所に着いた）
Logo, comecei a trabalhar.（すぐに働きはじめた）
Escrevi algumas cartas.（手紙を数枚書いた）
　　　　　　　　　　　　＊
Ao meio-dia e meia, fui à loja de conveniência para comprar alguma comida.（12時半、何か食べ物を買いにコンビニに行った）
Comprei um pão e um suco de laranja.（パンとオレンジジュースを買った）
Paguei 250 ienes.（250円払った）
Trouxe a comida ao escritório e almocei à uma.（事務所に食べ物をもってきて1時に昼食した）
À uma e meia, comecei a trabalhar outra vez.（1時半に再び働きはじめた）
Às três e meia, descansei e tomei um café.（3時半に休憩してコーヒーを飲んだ）

Às seis e meia, acabei o meu trabalho e parti do escritório às sete.（6時半に私の仕事を終わり7時に事務所を出た）

No caminho, fui à livraria perto da estação.（途中、駅の近くの本屋に寄った）

Comprei uma revista semanal.（週刊誌を買った）

Também fui ao supermercado.（また、スーパーにも行った）

Comprei as coisas para cozinhar o jantar.（夕食をつくるためのものを買った）

*

Voltei para casa.（家に帰った）

Mudei de roupa.（着替えた）

Cozinhei.（私が料理した）

Então, chegou a irmã.（妹が着いた）

Às oito, jantei.（8時に夕食した）

Depois, tomei banho, vi a televisão e dormi.（その後、風呂に入って、テレビを見て、寝た）

Dormi à meia-noite.（12時に寝た）

文法解説

完全過去は「点の過去」とも呼ばれ、過去のある時点で完了した事柄を表し、日本語では「～した」にあたります。完了過去とも呼ばれます。これに対して本章の11課で学ぶ**不完全過去**は「線の過去」ともよばれ、過去の出来事の継続性や習慣を表現する時制で、日本語では「～していた」にあたります。不完了過去とも呼ばれます。

練習1 日本語を参照して、適当な語句をいれて音読しよう！
1) Paulo: Hanako, a que horas você＿＿＿＿？（花子、君、何時に起きた

の？）

2）Hanako:＿＿＿＿às 6:30.（6時半に起きた）

3）Paulo: O que＿＿＿＿e＿＿＿＿no almoço？（昼食に何食べて飲んだの？）

4）Hanako:＿＿＿＿um pão e＿＿＿＿um suco de laranja.（パンを食べてオレンジジュースを飲んだわ）

5）Paulo:＿＿＿＿do pão？（パンおいしかった？）
　Hanako: Mais ou menos.（まあまあ）

6）Paulo: A que horas＿＿＿＿o trabalho？（何時に仕事を終わったの？）

7）Hanako: Não me lembro bem. Mas acho que＿＿＿＿por volta das 6.（よく覚えてないわ。でも6時頃終わったと思う）

注意：Me lembro は、私は覚えている Não me lembro は、私は覚えていない por volta de は、〜頃。上記の例文では、6時の定冠詞 as が前置詞 de と縮合して das 6 となっています。

解答例 1）acordou　2）Acordei　3）comeu, bebeu　4）Comi, bebi　5）Gostou　6）acabou　7）acabei

練習2 以下の文章の主語をすべて Ela（三人称単数完全過去）にして、実戦だと思って読みましょう。または書き換えてみましょう。

Hoje eu acord<u>ei</u> às 6 e meia.

Tom<u>ei</u> café da manhã.

<u>Saí</u> de casa às 7.

Cheg<u>uei</u> ao escritório às 8 e meia.

Logo, come<u>cei</u> a trabalhar.

　　　　　　　　　　＊

Ao meio-dia e meia, <u>fui</u> à loja de conveniência para comprar alguma comida.

Trouxe a comida ao escritório e almocei à uma.

À uma e meia, comecei a trabalhar outra vez.

Às três e meia, descansei e bebi um suco.

Às seis e meia, acabei o meu trabalho e parti do escritório às sete.

*

Voltei para casa.

Cozinhei.

Às oito, jantei em casa.

Depois, tomei banho, vi a televisão e dormi.

解答

Hoje ela acordou às 6 e meia.

Tomou café da manhã.

Saiu de casa às 7.

Chegou ao escritório às 8 e meia.

Logo, começou a trabalhar.

*

Ao meio-dia e meia, foi à loja de conveniência para comprar alguma comida.

Trouxe a comida ao escritório e almoçou à uma.

À uma e meia, começou a trabalhar outra vez.

Às três e meia, descansou e bebeu um suco.

Às seis e meia, acabou o seu trabalho e partiu do escritório às sete.

*

Voltou para casa.

Cozinhou.

Às oito, jantou em casa.

Depois, tomou banho, viu a televisão e dormiu.

上記の練習問題がスムーズにできれば、かなり上達しているといえます。丸暗記してでも、できるようになりたいものです。

（11）**Parece que está cansada.**（疲れているように見える）

Paulo: Parece que você está muito cansada.（君、とても疲れているように見える）

Hanako: Realmente, estou muito cansada.（本当に、とても疲れているの）

Paulo: Nesta semana, você não falou nada comigo. Como passou ?（今週、何も言わなかったけど、どうしてたの？）

Hanako: Sempre trabalhava e não tinha tempo para descansar.（いつも働いていて、休む暇がなかったわ）

Paulo: Antes, você morava perto do escritório. Mas agora mora longe, né ?（以前は、君、事務所の近くに住んでいたけど、いまは遠いね）

Hanako: Acho que vou cair um dia por causa do trabalho.（仕事が原因でいつか倒れるかも、と思う）

文法解説

1) parece que のあとに主語、動詞のある文章をつなぐと、「〜に見える、思える」という表現ができます。

　Parece que ele é brasileiro.（彼はブラジル人のように見える）。または、Parece brasileiro. Parece que vai chover.（雨が降りそうだ）。

2) passar は、英語の pass と同じように「過ごす」、「通り過ぎる」など様々な意味があります。

3) morar は「住んでいる」の意味ですが、ポルトガル語の現在進行形では稀にしか使わないので注意しましょう。

4）um dia は、ここでは「一日」ではなく、「ある日」の意味です。文脈によって判断しましょう。

5）Acho que のあとに文章をつなぎ、「〜と思う」です。動詞原形は、achar です。探していたものを「見つける」という意味もありますので、使ってみましょう。Penso que... は「私は〜と考える」です。

6）cair は、「落ちる」ですが、「人が倒れる」の意味もあります。

不完全過去は、「線の過去」ともよばれ、過去における継続や習慣, 婉曲、丁寧、願望などを表します。

Eu fumava（原形 fumar）muito antigamente.（私は以前よくタバコを吸っていた）、Quando eu era（原形 ser）aluno , eu estudava muito.（私が学生だったころ、私はとてもよく勉強していたものだった）

練習問題 1 日本語を参考にして括弧内に適語をいれましょう。

1）Hanako: Antigamente, eu（　　　）em Tokyo.（昔は、私は東京に住んでいたわ）

2）Paulo: Ah, por isso, você（　　　）acordar mais tarde para ir ao trabalho, né？（ああ、だから、仕事に行くのにもっと遅く起きれたんだね）
Hanako: Exatamente.（その通り）

*

Paulo: Antes, eu fumava muito. Mas agora não fumo.（以前は、私はよくタバコを吸っていたものだった。でもいまは吸わない）

3）Hanako: Eu nunca（　　　）.（私は決して吸ったことがないわ）

*

注：antigamente は antes と同じように「昔は、以前は」の意味で、動詞は不完全過去となります。antes は「むしろ」の意味もあります。文脈で判断しましょう。Por isso は「だから、したがって」。

解答

1)「昔住んでいた」ということ、antigamente「昔」がある文章であることから、過去の習慣を表す不完全過去 morava です。

2) 昔は「起きれた」→「起きることができた」ということで、「できた」をいれます。poder の不完全過去の podia がはいります。

3)「決して吸ったことがない」は、経験を表します。経験、結果は、ポルトガル語では完全過去で表しますので、fumar の完全過去 fumei がはいります。

練習問題２　日本語を参考にして、本文のポルトガル語と同じようになるように言いましょう。そのことによって、いろいろな言い回しが定着します。これからのこの種の練習では、つまれば、下の解答を見ながらやりましょう。

― 君、とても疲れているように見える。
― 本当に、私、とても疲れているの。
― 今週、何も言わなかったけど、どうしてたの？
― いつも 働いていて、休む暇がなかったわ。
― 以前は、君、事務所の近くに住んでいたけど、いまは遠いね。
― 仕事が原因でいつか倒れるかも、と思う。

解答例

― Parece que você está muito cansada.
― Realmente, estou muito cansada.
― Nesta semana, você não falou nada comigo. Como passou ?
　（この文章は、Nesta semana, você não disse nada para mim. O que fazia ?　でもよいです）
― Sempre trabalhava e não tinha tempo para descansar.
　（ter tempo para ... を使えるようになればしめたものです）
― Antes, você morava perto do escritório. Mas agora mora longe, né ?
　（perto と longe はすぐに口に出てきますか？）

― Acho que vou cair um dia por causa do trabalho.

((por causa de.... 〜が原因で、〜が理由で) この言い回しはいつでも使えるようにしておきましょう)

（12）**Vamos pegar o ônibus.** (そのバスに乗ろう)

Paulo: Vamos pegar o ônibus. (そのバスに乗ろう)

Hanako: Vou pagar. Quanto é？ (私が払うわ。いくら？)

Paulo: Acho 200 ienes. Pode pagar agora. Mas depois vamos dividir, tá？(200円だと思う。でも、割り勘だね（各自が払うの意味))

Hanako: Tá. Para subir ao Monte Takaosan, precisamos levar muitas coisas, né？(OK、高尾山登りには多くのものを持っていく必要があるよね)

Paulo: Prefiro levar só coisas leves. (軽いものだけを持って行きたいけど)

Hanako: Você não se esqueceu da comida para o almoço, não？(昼食忘れてないでしょうね？)

Paulo: Nossa, me esqueci. (ああ、忘れた)

Hanako: Então, primeiro, devemos ir até a loja de conveniência. (それじゃあ、まず、コンビニに行かなくちゃ)

文法解説

1) pegar は、apanhar, tomar と同様に「つかむ」、「握る」意味があります。乗り物に乗る場合に、いずれの動詞もよく使います。
2) pagar は「払う」ですが、名詞は pagamento ですから、支払い場所などに、pagamento の表示が出ていることがありますので、覚えておきましょう。
3)「いくらですか」は、quanto é？や quanto custa？と言います。

4) preferir「〜の方を好む」は、不規則動詞です。現在形一人称単数が eu prefiro となります。

5) dever は、英語でいうと must です。ter que (de) と同様に義務、必要性を表わします。しかし、「〜に負う、恩義、借金などがある」という意味もありますので、文脈で判断しましょう。

6) até について。ポルトガルでは「〜まで」は até a... と a をいつも伴います。Estamos fechados até ao dia 3.「3日まで閉店です」

練習問題1 日本語を参考にして括弧内に適語をいれましょう。
1) A: Aonde Hanako e Paulo (   ) ?（どこに花子とパウロは行くの？）
2) B: (   ) vão subir ao Monte Takaosan.（高尾山登山に行くらしい）
3) A: (   ) eles vão ?（どのようにして行くの？）
4) B: Ainda não (   ). Mas, acho que primeiro eles vão pegar o ônibus e depois o trem Keio.（まだわからないけど、まずバスに乗って、その後京王電車に乗ると思う）
5) A: Takaosan é (   ) daqui ? Ou (   ) daqui ?（高尾山はここから遠い？　それとも近い？）
B: Acho que é longe daqui. Porque leva mais de uma hora.（ここから遠いと思う。1時間以上かかる）

解答
1) 花子とパウロが主語ですから「行く」ir の三人称単数の vão です。
2) 「〜らしい」は、すでに勉強した Parece que を入れることができます。しかし、Dizem que... もこの状況で言うことができます。Dizem que... は英語の They say that.... です。
3) 交通手段を聞くときは、疑問詞 Como... を入れます。
4) 「まだわからない」は、Ainda não sei. と決まり文句として覚えましょう。
5) longe と perto ですね。

練習問題2 それでは今度は、日本語を参考にしてポルトガル語で言ってみましょう。
— どこに花子とパウロは行くの？
— 高尾山登山に行くらしい。
— どのようにして行くの。
— まだわからないけど、まずバスに乗って、その後京王電車に乗ると思う。
— 高尾山はここから遠い？　それとも近い？
— ここから遠いと思う。1時間以上かかるから。

解答例
— Aonde Hanako e Paulo vão ?
— Parece que vão subir ao Monte Takaosan.
— Como eles vão ?
— Ainda não sei . Mas, acho que primeiro eles vão pegar o ônibus e depois o trem Keio.
— Takaosan é longe daqui ? Ou perto daqui ?
— Acho que é longe daqui. Porque leva mais de uma hora.

> (14) **Vamos conversando.**（話しながら行こう）
> ir + 現在分詞
>
> Paulo: Já comprei tudo.（もうすべて買った）
> Hanako: Já podemos ir, né?（もう、行けるわね）
> Paulo: Podemos. Vamos conversando.（そう、行けるよ。おしゃべりしながら行こう）
>
> 　　　　　　　　　　　＊
>
> Hanako: Você acha que é melhor ir de táxi até a estação ?（駅までタクシーで行くほうがいいと思う？）

Paulo: Acho que sim. Porque já estou cansado.（そう思う。だって、もう疲れた）

Hanako: Já está cansado antes de subir à montanha？（山登りする前にもう疲れてるの？）

Paulo: Não. Estou brincando, Hanako.（いや。冗談だよ、花子）

文法解説

1）ir + 現在分詞は、「～しながら行く」の意味です。Vou fumando.「私はタバコを吸いながら行く」
2）Você acha que...？「君は～と思うか？」の意味です。
　Você acha que vai chover hoje？「君は今日雨が降ると思うか？」
　Acho que sim.「そう思う」
　Acho que não.「降らないと思う」
3）antes de...「～の前に」、depois de...「～の後に」です。覚えていますか。忘れていたら徹底的に暗記する必要があります。

練習 日本語を参考にして、括弧内に適語をいれましょう。

A: Eles fizeram（1　　）na loja de conveniência. O que compraram？（彼らはコンビニで買い物をしました。何を買ったのでしょう？）

B: Não sei. Mas parece que compraram（2　　）.（分かりません。でも何か食べ物を買ったようです）

A: Eles estão alegres？（彼らは楽しそうですか？）

B: Parece que sim.（そのように見えます）

A: Então,（3　　）？（それって、どうして？）

B: Porque eles estão contentes passeando juntos.（一緒に散歩して、うれしいからです）

解答例

1) fazer compras で「買い物をする」ですから、compras が正解です。
2)「何か食べ物」は、alguma coisa para comer とか alguma comida などが相当します。
3)「どうして」は por quê? ですね。あとに文章が続かない場合は、que が強く言われますので、quê とアクセント記号がつきます。

上記の最後の文章は、Passeando juntos, eles estão contentes. とも言えます。現在分詞 Passeando が、一語で理由を表しています。これを**分詞構文**といいます。文脈によっては、「散歩していたとき、散歩しながら、散歩したあと」など、いろいろな意味にとれますが、現在分詞一語で表現できる点が、会話では便利です。「たとえ働いても、儲からない」という日本語をポルトガル語にすれば、接続法を使って Embora trabalhe muito, não se ganha. とか Apesar de trabalhar muito, não se ganha. などのかなりややこしい言い回しになりますが、分詞構文だと Trabalhando muito, não se ganha. で表現できます。皆さんも使ってみてください。

(14) **Não se preocupa.**（心配しないで）

Hanako: Vamos pegar o trem até a estação de Takaosanguchi!（高尾山口駅まで電車に乗ろう！）

Paulo: Quantos temos que pagar?（いくら払わなければならないの？）

Hanako: Olha, não sei. Mas, não se preocupa.（さあ、分からない。でも心配しないで）

Paulo: Ai! Quero ir ao banheiro. Cadê o banheiro?（ああ！　トイレに行きたい。トイレどこ？）

Hanako: Ali, no lado esquerdo, tem o banheiro.（あそこの左側にトイレあるわよ）

Paulo: Obrigado. Pode esperar um pouco ? Tenho agüentado muito.
（ありがとう。ちょっと待ってくれる？　ずっとずいぶん我慢しているんだ）

文法解説

1）preocupar-se の se について。他動詞を自動詞にする**再帰人称代名詞**。preocupar だけだと「心配させる」ですが、再帰人称代名詞 se がつくことによって「心配する」となります。参考書で最も代表的なものは levantar「起こす」で、se がついて「自分自身を起こす」つまり「起きる」となるものです。すでにポルトガル語を一度学習されたかたは、思い出しましたか？　ポルトガルでは、動詞 + ハイフン（-）+ se の語順ですが、否定、疑問文ではハイフンなしで se が動詞の前に置かれることが多いです。ブラジルでは、圧倒的に動詞の前に置かれる場合が多いです。辞書には、ハイフン + se の語順で出ています。eu me levanto、ele se levanta、nós nos levantamos、eles se levantam と活用しています。少しニュアンスは違いますが、levantar-se は acordar（目を覚ます）で、deitar-se（横たわって寝る）は dormir（寝る）で代用できます。

2）cadê は onde está ? onde é ? onde tem?（どこにある？）の口語表現。

3）lado esquerdo は「左側」、lado direito が右側。

4）tenho agüentado について。ter + 過去分詞（-ndo）は、**現在完了形**ですが、ポルトガル語の現在完了は「現在までの継続」の意味だけを表します。完了、結果、経験は、完全過去で表しますから注意しましょう。複合完全過去ともいいます。Ele tem estudado muito recentemente.（彼は最近よく勉強してきている）、Tem chovido muito.（よく雨が降ってきている）

練習問題　日本語を参考にして括弧内に適語をいれましょう。

Hanako: Vamos pegar o trem até a estação de Takaosanguchi!（高尾山口駅まで電車に乗ろう！）

Paulo:（1　）temos que pagar?（いくら払わなければならないの？）

Hanako: Não sei. Não se preocupa.（わからない。心配しないで）

Paulo: Ai!（2　）ir ao banheiro. Cadê o banheiro?（ああ！ トイレに行きたい。トイレどこ？）

Hanako: No lado（3　）, tem o banheiro.（左側にトイレあるわよ）

Paulo: Obrigado. Pode esperar um pouco?（4　）muito.（ありがとう。ちょっと待ってくれる？ ずっとずいぶん我慢しているんだ）

解答例

1)「いくら」は疑問詞の Quantos です。

2)「〜したい」は Quero です。

3)「左の」は esquerdo です。「右の」は direito です。「右に」は à direita、「左に」は à esquerda です。

4) 現在までの継続の表現です。現在完了の ter + 過去分詞ですから、Tenho agüentado ですね。

---

(15) **Pensava que levaria mais tempo.**（もっと時間がかかると思っていた）

Hanako: Já chegamos à estação de Takaosanguchi.（高尾山口駅にもう着いたよ！）

Paulo: Pensava que levaria mais tempo.（僕、もっと時間がかかるだろうと考えていたよ）

Hanako: Rápido, né?（（電車）はやいよね）

Paulo: Agora, como vamos subir até a cima?（さあ、頂上までどうして登る？）

Hanako: A pé ou de funicular?（歩くか、ケーブルで）

Paulo: Claro que quero ir de funicular.（もちろんケーブルで行きたい）

Hanako: Que preguiçoso! Não tem nenhuma graça!（なんてなまけもの！ つまらないわ！）

Paulo: Vamos subir de funicular. E vamos descer a pé!（ケーブルで登って、歩いて降りよう！）

Hanako: Entendi. Almoçaremos（Vamos almoçar）na cima!（わかったわ。頂上で昼食しましょう！）

文法解説

Vamos subir とか Vamos descer という文章ですが、「われわれ」にあたる単語として a gente があります。gente だと「人びと」という意味ですが、a gente で「われわれ」の意味になります。しかし、注意しなければならないのは、動詞は三人称単数です。A gente vai. A gente sobe. A gente desce. となります。

1) **過去未来**：過去のある時点から見た未来の事柄を表す時制。
活用は、動詞の語尾に関係なく動詞の原形に、-ia, -ia, íamos, iam をつけます。本文の levaria が過去未来です。例外として、dizer. fazer などは ze をとって活用語尾をつけます。dizer の過去未来形は diria, diria, diríamos, diriam です。fazer の過去未来形は faria, faria, faríamos, fariam です。

用例　a) 過去のある時点からみた未来。Ele disse que não teria（tinha）aula na semana que vem.（彼は、来週には授業がないと言った）口語では不完全過去が用いられることがあります。b) 過去・現在・未来の事柄についての推量。Quem seria ele?（彼、誰だろかな？）現在の事柄についての推量は未来形も用いますが（Quem será ele?）、過去未来のほうが推量の度合いが強いです。c) 現在の事柄に対する丁寧・婉曲を表す。Gostaria de comprar o seu carro. = Queria comprar o seu carro.（あなたの車を買いたいんですが）口語では不完全過去（Gostava）が使われる場合があります。ただし、上記の例文では、不完全過去を使うと、昔にある一定期間、「買いたかった」という意味にもとれるので、注意が必要です。

2）**未来形**：未来形は未来の動作や状態を表します。本文のAlmoçaremos がそうですが、口語では近接未来の Vamos almoçar というほうが多いです。動詞の原形に ei, á, emos, ão をつけます。動詞 ser だと、serei, será, seremos, serão となります。例外として、-zer で終わる動詞は ze をとって活用語尾をつけます。動詞 dizer の場合だと、direi, dirá, diremos, dirão です。口語では、現在形や近接未来形（ir + 不定詞）がよく用いられます。主語が一人称の場合は意思を表すことがよくあります。Jantarei com ele hoje.（今日、彼と夕食するつもりです）これも Vou jantar com ele hoje. と近接未来を用いることができます。

練習1 括弧内の語を過去未来で活用させて書いて、読んでみましょう。

1）A:Você pensava que_____(ir) chover hoje ?
　　B: Sim, pensava.

2）A:Eu achava que_____(ter) aula.
　　B: Eu também achava.

3）A: Você já disse que_____(trazer) um dicionário.
　　B: Desculpe, me esqueci.

解答例

1）iria です。
2）teria です。

3) traria です。Você disse; "Vou trazer um dicionário." も成り立ちます。むしろ、会話では、このように que でつなげないほうが多いのではないかと思われます。que でつないで正確に瞬時に話そうと思えば、かなりの例文の暗記を蓄積していなければなりません。これはかなり大変なことですが、それができるのであればポルトガル語をよく習得している、ということになります。

---

(16) **Mais bela do que (eu) tinha imaginado.**（想像していたよりももっときれい）

Hanako: Olha, aqui é o topo da montanha.（ほら、ここが頂上よ）
Paulo: Depois de descer de funicular, não caminhei muito. Mas...（リフトを降りて、あまり歩いてないな……）
Hanako: Você disse; "Quero subir de funicular"!（言ったでしょ。「リフトで行きたいって」）
Paulo: Tá bem, tá...（わかった、わかった）

*

Paulo: Daqui, podemos ver a área de Kanto. Que grande e bela！（ここから関東が見える。何て大きくて美しいんだろう！）
Hanako: Pela primeira vez, você viu？（はじめて、見たの？）
Paulo: Vi pela primeira vez. Mais bela do que (eu) tinha imaginado.（そう、はじめて．想像していたよりもきれい）

*

Hanako: Então, já está com fome？（じゃあ、もうお腹減っている？）
Paulo: Estou. Onde vamos comer？（へっている。どこで食べる？）

文法解説

大過去について。大過去は参考書によっては過去完了とも呼ばれ

ています。過去のある時点よりも以前に完了した事柄を表す時制です。日本語の例文で、もっともよく使われるのは、「駅や空港についたときに、電車、飛行機はすでに出発してしまっていた」です。活用は ter の不完全過去 + 過去分詞（性数変化なし）です。「出発してしまっていた」をみてみましょう。tinha partido, tinha partido, tínhamos partido, tinham partido. です。

用例：Quando eu cheguei ao aeroporto, o avião já tinha partido.（私が空港に着いたとき、その飛行機はすでに出発してしまっていた）食事、美術展やコンサートなどが「想像していたよりもよかった」という言い回しのときにもよく使われます。

O jantar naquele restaurante foi melhor do que (eu) tinha imaginado.（あのレストランの夕食は想像していたよりよかった）do que は英語の than で、「～よりも」です。

形容詞の**比較級**は、Este livro é <u>mais</u> caro <u>(do) que</u> aquele livro.「この本はあの本より高い」となります。しかし、この文型を覚えるのは受験の英語のようになり、実際、このような長い文章は会話では不自然です。Este livro é mais caro.（この本はもっと高い）、とか Este é mais barato.（これはもっと安い）、となります。**最上級**は、定冠詞 +mais+ 形容詞です。Ela é a mais bonita.（彼女は最も美しい）

練習問題　大過去を使い、声を出して読んでみましょう。

1）A: Não caminhei muito. Mas já chegamos.
　　B: Eu já_____(dizer) isto.（Eu já disse isto. でも会話は成り立ちます）
　　注意 dizer「言う」の過去分詞は dito

2）A: Eu comi muito. Estou com dor de barriga.
　　B: Eu já_____(avisar「前もって知らせる」) para não comer muito.
　　（Eu já avisei para não comer muito.）

3）A: Olha, já comprei o celular novo.
　　B: Eu já_____(comprar) o mesmo.（Eu já comprei o mesmo. でも大丈

夫です）

注意 o mesmo は「同じもの」ここでは o celular です。

解答例

1）tinha dito
2）tinha avisado
3）tinha comprado

（17）**É melhor comermos aqui.**（ここで食べるほうがいい）

Hanako: É melhor comermos aqui.（私たちここで食べるほうがいいわ）
Paulo: Ótimo !（最高だ！）
Hanako: Olha, o tempo está bom hoje.（ねえ、今日いい天気だわ）
Paulo: Pois é. Anteontem, choveu muito, né？（そうだね。おととい、よく雨降ったね）

*

Hanako: Está gostando da marmita da loja de conveniência？（そのコンビニのお弁当、おいしい？）
Paulo: Estou gostando. Comer fora de casa é muito bom.（うん。家のそとで食べるのはとてもいい）
Hanako: Paulo, eu dou o oniguiri que（eu）fiz em casa.（パウロ、わたしが家で作ったおにぎりあげる）
Paulo: Que simpática, né?! Obrigado.（優しいね！　ありがとう）

文法解説

eu dou について。動詞原形は dar「与える」です。多様な意味があります。現在の活用は dou, dá, damos, dão となります。完全過去

は dei, deu, demos, deram です。dá（para）... で、「〜できる」という意味で用いられます。便利な口語表現です。

Dá para beber.「飲める」「できない、だめ」な場合は、Não dá para beber . です。しかし、状況から意味があきらかな場合は、Dá. とか Não dá. とだけ言う場合が多いです。

1）**É+ 形容詞 + 不定詞と人称不定法**について。不定詞は常に原形を保ち、行為や状態を表わします。

É melhor descansar.（休んだほうが良い）、É melhor correr.（走ったほうが良い）でも、この 2 文だと、「誰が」がはっきりしません。もちろん、面と向かって話している会話ならば別ですが。しかし、動作の主体をよりよく表すために、語尾が人称・数によって変化することがあります。これを人称不定法といいます。É melhor comer.（私は食べたほうが良い）、É melhor comeres.（お前は食べたほうが良い（二人称はブラジル南部とポルトガルの用法です））、É melhor comer.（君（彼、彼女）は食べたほうが良い）、É melhor comermos.（私たちは食べたほうが良い）、É melhor comerem.（君たち（彼ら、彼女ら）は食べたほうが良い）。このように、一・三人称単数は、前後関係から判断するしかありませんが、人称不定法を用いると、「だれが」「〜したほうがよい」のかが、明確になります。

2）**関係代名詞**

a）que：人、物を先行詞とします。先行詞が人以外の場合、前に前置詞をおくことができます。

Este é o bolo que eu fiz em casa ontem.（これが昨日私が家でつくった（ところの）ケーキです）関係代名詞は必ず使わなければならないものではありません。ふたつの短い文章に区切って会話をする場合が多いです。Este é o bolo. Eu fiz em casa ontem . Pode comer, por favor.

A cidade em que eu moro é Hachioji. という文章の em que は onde で代用できます。

A cidade onde eu moro é Hachioji.「私が住んでいる（ところの）街は八王子です」→ Eu moro na cidade "Hachioji". で十分コミュニケーションがとれます。
b) quem：先行詞の性・数に関係なく、人だけに用いられます。そして、<u>前置詞 + quem の形で使用</u>されます。その他では人に対してでも que が用いられます。O professor com quem você falou é americano.「君が話した先生はアメリカ人だ」

　quem は独立用法として、「～する人」の意味で用いられます。Quem faz essas coisas não é homem.「そんなことをする人は、人間ではない」

c) o qual, os quais, a qual, as quais：先行詞が人・物事の場合、先行詞の性数に一致した定冠詞をつけて用います。関係代名詞 quem や que が用いられるところでも、特に直前にない先行詞を明確にしたり、意味のあいまいさをさけるためによい関係代名詞です。Os livros em casa da minha tia, os quais eu comprei na Europa, são valiosos.「私がヨーロッパで買ったおばの家にある本は貴重だ」

d) quanto, quantos, quanta, quantas：先行詞は tudo, todos, todas となります。「～するすべての人・物」を表す関係代名詞です。
Eu já lhe dei tudo quanto queria.「すでに私は彼に、欲しいものすべてを与えた」

e) 関係形容詞として cujo, cujos, cuja, cujas があります。所有形容詞の「その」の意味で、所有される名詞の性数に一致します。Ela tem um cachorro cujo nome é "Koro".「彼女は、名前が「コロ」という犬を買っている」

f) 関係副詞として onde があります。場所を示す名詞を先行詞とします。A aldeia onde ele nasceu já não existe.「彼が生まれた村はもう存在しない」a + onde で aonde とか、de + onde で donde の形もあります。

g) quando は時を示す名詞や副詞を先行詞とします。Foi o dia de

furacão quando ele desapareceu.「彼が行方不明になったのはハリケーンの日だった」

練習 日本語を参考にして括弧内に適語をいれて、読んでみましょう。

1) A: Vamos beber.
   B: É melhor não（1　　）.（われわれは飲まないほうがいい（人称不定法を使いましょう））

2) A: Qual é a comida de（2　　）gosta mais？（一番好きな食べ物はどれ（関係代名詞を使いましょう））
   B: Churrasco.

3) A: O dicionário（3　　）comprei na semana passada é ótimo.（昨日買った辞書は最高だ（関係代名詞を使いましょう））
   B: Pode me mostrar？

解答例
1)「われわれ」を表す人称不定法ですから、bebermos となります。
2) 関係代名詞 que です。このポルトガル語文において、gostar de ... の de が必ず必要ですから、関係代名詞の前に伴われています。
3) 関係代名詞 que です。ここでは、Na semana passada, comprei o dicionário. É ótimo. とふたつにわけて表現しても問題ありません。あくまでも、関係代名詞というものがポルトガル語にあるので、それを紹介して練習するものです。

---

(18) **Coma mais.**（もっと食べて）

Hanako: Quer comer mais？（もっと食べたい？）

Paulo: Estou gordo. Por isso, é melhor não comer muito, né？(僕、太っているから、あまり食べないほうがいいよね)

Hanako: Mas, depois de almoçar, vamos descer a pé. Por isso, coma mais.（でも、昼食した後に、歩いて下山するわよ。だからもっと食べて）

Paulo: Então, tenho que comer, né？（食べなきゃね）

Hanako: Claro！Tenho que acabar o meu onigiri.（当然！　私のおにぎりを全部食べなきゃ）

*

Hanako: Quer beber um chá？（お茶、飲みたい？）

Paulo: Prefiro uma cerveja.（ビールがいいな）

Hanako: Desculpe, não trouxe.（ごめん、もってきてないわ）

Paulo: É brincadeira. Vou beber um chá.（冗談だよ。お茶を飲むよ）

文法解説

命令形については、ブラジル人は動詞の三人称単数の変化をさせて、親しい人に Come と言ったり、より丁寧な命令形で**接続法現在**の変化で Coma と言ったりします。ここでは、より丁寧な命令形を見ます。falar だと、接続法現在は、fale, fale, falemos, falem となります。comer だと、coma, coma, comamos, comam です。abrir だと、abra, abra, abramos, abram です。

われわれ日本人が命令形を使わなければならないのであれば、por favor（どうぞ）をつけましょう。Fale mais devagar, por favor（どうか、もっとゆっくり話してください）、Entre, por favor（どうぞ、入ってください）いずれも、Pode falar mais devagar, por favor. Pode entrar, por favor. と、このように代用できます。

練習問題　接続法現在を用いて命令形を使ってみましょう。

1) A: _____（comer）mais.

   B: Já não quero.

2) A: _____（beber）mais.

   B: Não quero. Já estou satisfeito.

3) A: _____（correr）!

   B: Não quero..

解答例

1) Coma

2) Beba

3) Corra

いずれも慣れて暗記するしかありませんね。

> (19) **Espero que goste.**（好きになって）
>
> Hanako: Paulo, você está gostando de morar no Japão？（パウロ、君、日本に住むのは好き？）
>
> Paulo: Mais ou menos.（まあまあ）
>
> Hanako: Por quê？（どうして？）
>
> Paulo: Porque... tudo é diferente.（なぜなら…すべてが違うから）
>
> Hanako: Acho que o Japão é um país muito diferente.（日本はとても違う国だと思うわ）
>
> Paulo: Tenho saudade do Brasil.（ブラジルがなつかしいな）
>
> Hanako: Espero que goste do Japão.（日本を好きになることを望むわ）
>
> Paulo: Já fiquei gostando muito de Hanako！（もうすでに、とても花子が好きになったさ！）
>
> Hanako: ?! ?! ?!

文法解説

1）いままで学んだ直説法は「話し手が事柄を事実として客観的に表現」しますが、接続法は、「実際に起こることをうたがったり、実際に起きていない可能性の面を強調するなど主観的判断をさしはさんで表現」するときに使用されます。

　Espero que...「私は……を期待する」が、実際に期待したことが実現するかどうかわかりません。そのときにこの場合は que のあとの動詞は接続法の活用になります。動詞の語尾は、-ar 動詞なら、e で終わります。-er, -ir 動詞は語尾が a で終わります。不規則動詞は一人称単数現在の語尾を a にします。trazer → trago → traga とか、dormir → durmo → durma

　ser だと、seja, seja, sejamos, sejam とか、estar だと esteja, esteja, estejamos, estejam とか例外もあります。ひとつひとつ覚えるしか方法ありません。Quero que não chova.（私は雨が降ってほしくない）Quero que vá ao hospital.（私は君が病院に行って欲しい）

　文法上、接続法が存在するし、会話で使う方がいますので、ここまで説明しましたが、実際に、いままで勉強した例文を応用して、接続法を使わないことができます。すでに説明した命令形がそうです。上記の二つの例文は、ニュアンスは随分違いますが、それぞれ、つぎのように言えます。（Acho que）é melhor não chover.（または、Não gosto de chuva.）É melhor ir ao hospital. もちろん、正確にニュアンスを伝達できればそれが一番よいです。しかし、覚えたポルトガル語の例文に日本語のニュアンスを変えてでもあてはめるような大胆なテクニックを体得することが、会話上達の早道です。考えていても口に出なければ会話になりません。そして、基本単語を覚えることです。

2）Fiquei ＋現在分詞の表現について。「私は〜の状態になった」ということを表します。例えば、Fiquei querendo aquele carro. あの

車がほしくなった。すでに ficar は、ある状態から違った状態になる、状態の移り変わりを表すと説明はしてきました。しかし、現在分詞を伴うことによって状態の移り変わりとその結果を強調します。Fiquei querendo ir ao Brasil.（ブラジルに行きたくなった）、Fiquei namorando.（恋愛するようになった）、Fiquei querendo ter isto.（これを手にいれたくなった）

会話において使える表現です。使ってみてください。

さて、最後の練習問題です。慣れてきましたか？ 日本語を参考にして、本文のポルトガル語と同じようなるように言いましょう。そのことによって、いろいろな言い回しが定着します。

― パウロ、君、日本に住むのは好き？
― まあまあ
― どうして？
― なぜなら……すべてが違うから
― 日本はとても違う国だと思うわ
― ブラジルがなつかしいな
― 日本を好きになることを望むわ
― もうすでに、とても花子が好きになったさ！

解答例

― Paulo, você está gostando de morar no Japão ?
― Mais ou menos.
― Por quê ?
― Porque... tudo é diferente.
― Acho que o Japão é um país muito diferente.
― Tenho saudade do Brasil.
― Espero que goste do Japão.

― Já fiquei gostando muito de Hanako!

(20) 接続法（文法的には中・上級レベルとなります）

　文法の説明の進行具合にあわせて会話の例文をつくりあげるのは、限界があります。特に接続法になると、無理に会話例文に使おうと思うと、全体が当然不自然になります。それは、あまり会話で使わないものを唐突に出してくるように努力して会話文をつくっているからです。筆者は、そういう無理なことはさけて、その他の接続法を紹介します。特に文章を書くときに、細かいニュアンスを正確に出して伝えたいならば、必要だと思います。また、文章を読むときも必要になりますから、知識として蓄えてください。それでは、もう一度、接続法現在からまとめていきます。

1) **接続法現在**

　これまで学んだ動詞の直説法は、動作や状態のありのままの事実を客観的に述べる叙実法です。接続法は、非現実的で主観的なもの、つまり想像、仮定、願望を述べる叙想法です。従属節、つまり多くはqueのあとに用いられます。

　Eu quero que a criança fique sossegada.「私は、その子供に静かにしてほしい」

　Ela deseja que o namorado venha hoje.「彼女は、その恋人に今日来てほしい」

　Eu espero que se digne de autorizar o pedido.「私は、その申請を許可してくださることを希望します」

　Ele pede que eu desligue a televisão.「彼は、私にテレビを消すように頼む」

　O professor permite（autoriza, consente）que eu vá me embora.「その先生は私が去ることを許可する」

　Eu tenho receio de que haja um terremoto grande.「私は、大地震があることを不安に思う」

Eu sinto que ela não venha agora.「私は、彼女が今来ないことを残念に思う」

Eu duvido que ele passe no exame.「私は、彼が試験に通ることを疑う」

É possível que você viaje neste ano.「君が今年旅行することは可能だ」

Embora（ainda que, por mais que, por menos que）chova muito, vou sair de casa.「たとえ大雨が降ろうとも、私は出かける」

Caso tenha alguma pergunta, pode perguntar.「何か質問がある場合は、聞いてください」

Eu vou escrever um e-mail para que você saiba o que se passa aqui.「君がここで起きることを知るためにメールを書きます」

Não diga isso.「それを言わないで」

Seja feliz !「お幸せに!」

Que todos trabalhem bem !「皆がよく働きますように」

Talvez amanhã ele venha à aula.「多分、彼は明日授業に来る」

2) 接続法不完全過去

主節の動詞が直説法の完全過去・不完全過去・大過去・過去未来で、主節の動詞の行為と同時または後の行為を表すとき、従属節 que 以下の動詞は接続法不完全過去が用いられます。

主節の動詞が希望、要求、助言、命令、容認、禁止、疑念、心配を表すときに que 以下は接続法になります。

Eu queria que você trabalhasse bem.「私は、君によく働いてほしかった」

O diretor proibiu que os outros entrassem na sala dele.「部長は、他の者が彼の部屋に入るのを禁止した」

主節の動詞が直説法現在で、従属節 que 以下で過去の事柄を述べる場合。

Lamento que você não participasse na reunião.「私は、君がその会議に出席していなかったことを残念に思う」

現在や未来の行為についての強い願望。

Se pudesse ganhar muito dinheiro.「いっぱいお金をもうけることができたらな」

反実仮想の場合（se を伴う条件節）Se ＋ 接続法不完全過去、直説法過去未来（不完全過去）。

Se eu tivesse dinheiro, compraria（comprava）o carro.「もし、私にお金があったら、その車を買うのだが」

「あたかも～であるかのように」の表現 como ＋ 接続法不完全過去。

Ele fala português como se fosse brasileiro.「彼はあたかもブラジル人であるかのようにポルトガル語を話す」

3）接続法完全過去

動詞 ter の接続法現在 tenha ＋ 過去分詞の形です。主節の動詞が直説法現在または未来で期待、願望、不安などを表し、従属節で完了した事柄を述べる場合。

Espero que ele tenha chegado ao Brasil.「私は、彼がブラジルに到着したことを期待する」

Receio que você não tenha fechado a porta.「私は、君がドアを閉めていなかったことを（不安に）思う」

4）接続法大過去

動詞 ter の接続法不完全過去 tivesse ＋ 過去分詞の形です。主節の動詞が直説法のいずれかの過去（完全過去、不完全過去）で希望、感情を示し、従属節 que 以下で完了を表現する。

Pensava que ele não tivesse escrito a carta em francês.「私は、彼がフランス語で手紙を書かなかったと思っていた」

O chefe não acreditou que o empregado tivesse aparecido na hora.「部

長はその会社員が時間通りに現れたことを信じなかった」

　Seを伴う条件節で、過去の事実に反する事柄の仮定を表現する場合。Se+ tivesse+ 過去分詞、teria（terの過去未来）+ 過去分詞、Se eu tivesse pensado bem, eu não teria feito tal coisa.「もし、私がよく考えていたならば、そのようなことはしていなかったのだが」

5）接続法未来

　主節の動詞が直説法未来で、従属節が不確定を表す場合。
Quem gostar muito de chocolate, ficará com dor de dente.「チョコレートがとても好きな人は、歯が痛くなるでしょう」

　主節の動詞が直説法未来で時を表す接続詞（quando, logo que, assim que, enquanto, depois queなど）で始まる従属節では、従属節の動詞は接続法未来となります。

　Quando estiver no Brasil, visitarei Salvador.「ブラジルに行ったときには、サルヴァドールを訪れよう」

　Enquanto estiver trabalhando, não poderão falar.「働いている間は、話せないだろう」

　従属節が未来の事柄に対する純然たる仮定を表す場合。
Se não comer muito todos os dias, você perderá o peso.「もし、毎日たくさん食べなければ、君は体重が減るでしょう」

　Se correr bem, terei o meu livro publicado no fim do ano.「もし、うまくいけば、年末に私の刊行された本を得るだろう」

　譲歩的な表現をともなって未来について表現する場合、接続法未来が用いられますが、慣用表現として覚えるほうがよいかもしれません。

aconteça o que acontecer,「何が起きようと」Aconteça o que acontecer, comprarei o carro alemão.「何が起きようと、そのドイツ車を買うだろう」haja o que houver,「何があろうと」seja o que for,「何であろうと」seja quem for,「誰であろうと」seja como for,「どのようであろうと」

関係節において、未来の事柄を表す場合。

Eu vou oferecer tudo que quiser.「私は、欲しいものすべてをあげるだろう」

接続詞 como, conforme, segundo などを伴い、未来における行為を表す場合。

Podem fazer conforme pensem melhor.「君たちがよいと考えるようにしてください」

6）接続法未来完了

主節の動詞が直説法未来で、従属節で主節よりも以前に完了している行為を表す場合。従属節の形：ter の接続法未来 tiver + 過去分詞

Eu escreverei o relatório, assim que tiver lido os livros.「私は、本を読み終わるとすぐに、レポートを書きます」

参考文献

Aurélio Buarque de Holanda Ferreira, *Novo Dicionário da Língua Portuguesa*, Rio de Janeiro, 1986.

Antônio Houaiss, *Dicionário Houaiss da Língua Portuguesa*, Rio de Janeiro, 2001.

Cristóvão de Aguiar, *Emigração e outros temas ilheus*, Signo, Ponta Delgada, 1991.

Dias de Melo, *Vida vivida em terras de baleeiros*, Secretaria de Educação e Cultura, Angra do Heroísmo, 1983.

Jaime de Séguir, *Dicionário Prático Ilustrado*, Porto, 1974.

Guilherme Augusto Simões, *Dicionário Expressões Populares Portugueses*, Perspectivas & Realidades, Lisboa, S. D.

Celso Cunha / Lindley Cintra, *Nova Gramática do Potuguês Contemporâneo*, Lisboa, 1984.

高橋都彦・富野幹雄著『ブラジル・ポルトガル語の入門』白水社 1983 年
池上岑夫他編『現代ポルトガル語辞典』白水社 2005 年
田所清克・伊藤奈希砂著『現代ポルトガル文法』白水社 2004 年
武田千香著『NHK ラジオ 短期集中講座 くらしで使えるポルトガル語』NHK 出版 2007 年、『ブラジルのポルトガル語入門』三省堂 2001 年

拙著より
『ゼロから話せるブラジル・ポルトガル語』三修社 2007 年
『ブラジル・ポルトガル語 最重要単語 2000+ 語法ガイド』国際語学社 2006 年

あとがき

　本書は、それぞれの章が独立して構成されています。しかし、すべての刊行プロセスを著者側で終えてみて、浮かび上がるように見えてきたことがあります。読者の皆さんには、何が浮かび上がりましたでしょうか。

　筆者には、ことばは国によってではなく人によって「ヴァリエーション」があるということが浮かび上がりました。人が場所を移動することによってヴァリエーションがさらに出てきます。文法などの規範はあっても、実際の運用は多くの色彩を帯びてきます。「語感」も人それぞれです。ポルトガル語もポルトガル語圏の国によってでなく、移動する人によってヴァリエーションがあります。

　また、もうひとつ浮かび上がったことがあります。語学教育に限らず、人が間違えたり失敗しても、指導者は叱るように指導してはいけないことです。日本人は、失敗は許されないという教育をどこでも受けます。筆者が海外スポーツ番組をテレビで見ていますと、海外の解説者らは失敗したときは黙っており、すばらしい演技をしたときにだけ褒めて解説をしていることに気付きます。ところが日本では、失敗の原因などを詳しく述べてリプレーをみて失敗の事実がとても強調されてしまっています。ここに、人を伸ばすことができない日本の一因があるのではないかと思えてきたのです。ですから、失敗を恐れて外国語会話もできない現状の基盤が漂っているように思えてならないのです。間違えると点数に響くということが脳裏に刻まれてしまっているようです。

　外国研究をしていると日本と外国の「差異」が痛感されることがいくつかあります。その最たるものは毎年日本に上陸する台風の

対策です。現在の科学技術は台風を消滅させることができなくても、最高度の精度でもって進路や上陸、被害予測が成されます。台風の規模の違いからではないでしょうが、アメリカでは混乱や被害が予測されるのがわかっているのであれば、皆は仕事もせずに避難します。ところが日本は台風に慣れているのか、警報至上主義であり、警報が出ないと帰宅もできないし対策に乗り出さない滑稽な現象があります。実際問題、日本で警報が発令されたときは暴風雨が確認されたときでそれからの対策ではいつも遅いのです。警報が出ない以上は……というのが決まり文句です。すでに傘もさせない状態で、電車は止まり混乱が起きるのです。台風が来ることが分かっていれば、その数時間、数日前から社会がすべて「正月」のような休みの状態になれば被害も混乱も最小限になるのでしょう。

　ふたつめの差異ですが、それは人びとの記憶から消え去らない阪神・淡路大震災があったときに、スイスをはじめ海外から多くの災害救助犬が航空機で送られてきたにもかかわらず、検疫などを理由に日本の空港でストップした事実です。緊急時にそのような「硬い」ことを言っていては、一刻を争う事態に対応できず、発見されて生き残るべき人も死亡することになってしまいます。そして、これもテレビで知ったことですが、当時のアメリカのクリントン大統領が、アメリカ空母上で被災者を生活させる用意があることを日本側に伝えてきたのですが、日本側はこれを断ったらしいのです。住むところも水も食料もなければ、水などはしっかり積んでいる空母の広い滑走路の上で緊急時に一時的に生活することは狭い土地しかない場合は必要であったと思います。そういうことを受け入れることのできない日本は、仕組みの何かが「おかしい」と思えてならないのです。

　ここにあげたふたつの差異には、ことばの仕組みによる物事の考え方の違いがあるのでしょう。昔から言われていますが、英語などは、主語のあとにすぐに否定語がきます。それも動詞の前にきます。ところが日本語は、最後の最後まで否定か疑問かわからない仕組み

になっています。このような差異から、欧米人はすぐに行動に出るのですが、日本人は警報が出たり考えた末に結論を出すので、いざ結論が下されたときには取り返しのつかないことが起こっている可能性もあるのです。

　有珠山の噴火の兆候があったときに数日前から全員避難させた例は、筆者の記憶に新しいです。これは危機管理の観点からお見事だったと思います。

　このように筆者は、何かあれば日本と国外との比較をしてしまいます。日本人は自分が生きるために組織の色に染まってしまいますが、筆者のように日本はどこか「おかしい」と思う改革的・建設的日本人が増えて、日本の仕組みを変えてくれる日が早くきてほしいものです。文化や文明が変貌を遂げるには数世紀が要されるでしょう。16世紀にはじめて日本にやってきて布教に携わった西欧人は、日本とヨーロッパのあまりの違いに驚いたことを報告書にまとめていますが、5世紀以上たったいまでも物事の考え方の仕組みは欧米とあまりにも差があると思います。

　ですから日本人が欧米のことばを学習するときには、仕組みの違いから今も昔もかなりの困難があり続けています。ペラペラになるには日本で基礎を学んで2年程度は現地に住まなければなりません。しかし、日本国内で習得をする場合はことばの基本的な構造を理解して単語の用法を身につけて、地道に継続して知識を積み重ねて慣れていくことが必要だと思います。その後に、目的に応じて分野を決めて専門用語を習得することがよいでしょう。

　筆者も感じたことですが、昔のNHK英会話の東郷勝明先生が最終的には会話をしていても各分野の専門用語を用いることになってしまい、困難を感じたそうです。筆者も20年以上ポルトガル語をやっていますが、本当にポルトガル語は難しいし、単語もいくらでも知らないものがあります。何でもやれば奥が深すぎるものです。

でも、最初からあきらめるのではなくて、継続することに意義があるので、読者の皆さんも何とか継続していってほしいと思います。

語学学習は、見知らぬ街を歩くようなものです。最初は迷路のように方向が分からなくても、慣れればスムーズに目的地に歩けます。筆者が都会でない地方から大都会の東京に出てきて10年以上が経ちます。近所の街に出て最初はどこにどういう路地があって店があるのかも分からなくて歩くのが億劫でした。しかし、10年間腰を落ち着かせて住んでいると、どこにどのレストランがあり、また新しい店ができたとか楽しみながら一人歩きができるのです。また、語学学習はパソコン操作にも似ています。継続・反復して使わないと、いくら他人に懇切丁寧に教えてもらっても忘れてしまい覚えないのです。また、数カ月で新しい機能をもったパソコンが出現してきます。ですから、少しずつ慣れていくことが必要です。難しいとか面白くないということで1年や2年で語学学習をやめてしまうような姿勢では日本人が外国語に堪能になれるはずがありません。それはどうしてかと言いますと、言語構造だけでなく、先ほど述べた人間の物事の考え方が根本的に違うからです。それを克服するには何事でも10年以上継続する根気が必要です。仕事でもスポーツでも10年やれば、何かが身につくようです。日本人にはこの「根気」はあるはずです。語学にもその根気を発揮してほしいです。

人文学の意義は、人・社会・国家のありかたを考えるものであると思います。本書を通じて、筆者の教育・言語に関する繊細な感性と「幾千万といえども我行かん」の気迫を受け取っていただき、社会に新しい人間教育と革新的考え方の息吹が出てくるきっかけになってほしいと願いながら、本書を終わりたいと思います。

2008年2月

浜岡　究

浜岡　究（はまおか　きわむ）

京都府生まれ。中央大学卒、京都外国語大学大学院ブラジル・ポルトガル語学専攻修士課程修了。リスボン大学文学部講師、在日ポルトガル大使館文化担当官補佐（通訳・翻訳）を経て、現在は拓殖大学言語文化研究所（丸の内線茗荷谷駅）オープンカレッジにてブラジル・ポルトガル語会話講師を務める。専攻は、ポルトガル史・文学、ブラジル植民史、アソーレス研究。

著書『「ブラジルの発見」とその時代――大航海時代・ポルトガルの野望の行方』（現代書館）、『ゼロから話せるブラジル・ポルトガル語』（三修社）。編著書『ブラジル・ポルトガル語最重要単語2000＋語法ガイド』（国際語学社）、『ブラジル・ポルトガル語　警察用語小辞典』（国際語学社）。共著書『イベリア文化への誘い　スペイン語とポルトガル語』（大学書林）、『イベリア文化の輝き　スペイン語とポルトガル語』（大学書林）。翻訳書『チョコレートはもういらない』（ランダムハウス講談社）、『アソーレスの黒い火山島』（彩流社）。

ポルトガル語の色彩

2008 年 3 月 10 日　第 1 版第 1 刷発行

著　者	浜　　岡　　　　究
発行者	菊　　地　　泰　　博
組　版	コ　　　ム　　　ツ　　　ー
印　刷	平　河　工　業　社（本文）
	東　　光　　印　　刷　　所（カバー）
製　本	矢　　嶋　　製　　　　本
装　幀	中　　山　　銀　　士

発行所 株式会社 現代書館　〒 102-0072　東京都千代田区飯田橋 3-2-5
電　話 03(3221)1321　FAX 03(3262)5906
振替 00120-3-83725　http://www.gendaishokan.co.jp/

校正協力・東京出版サービスセンター
©2008 HAMAOKA Kiwamu　Printed in Japan ISBN978-4-7684-6967-5
定価はカバーに表示してあります。乱丁・落丁本はおとりかえいたします。

本書の一部あるいは全部を無断で利用（コピー等）することは、著作権法上の例外を除き禁じられています。但し、視覚障害その他の理由で活字のままではこの本を利用できない人のために、営利を目的とする場合を除き、「録音図書」「点字図書」「拡大写本」の製作を認めます。その際は事前に当社までご連絡ください。また、テキストデータをご希望の方は左下の請求券を当社までお送り下さい。

テキストデータ
請求券
ポルトガル語の色彩

●現代書館の関連書

「ブラジルの発見」とその時代——大航海時代・ポルトガルの野望の行方

浜岡 究 著　南米一の大国ブラジルは、19世紀前半にポルトガルより独立した国であり欧米植民地としては異例の早さで独立国となった国である。ブラジル「発見」から独立、そして今日に至るまでの歴史を詳述し、大航海時代の光と闇を植民地から見つめる。　　　　2200円+税

海の見える言葉 ポルトガル語の世界

市之瀬敦 著　世界を旅することは、ポルトガル語を旅することだ。欧州・南米・アフリカ・アジアそして日本で話されるさまざまなポルトガル語の響きから今日の世界を読み解く。上智大学准教授の著者が、世界中のポルトガル語圏を旅した経験から生まれた一冊。　2300円+税

スペイン語の贈り物

福嶌教隆 著　NHKテレビ・ラジオのスペイン語講座の人気講師が広大なスペイン語世界を案内する語学読み物。初心者から中級者までレベルに応じた学習のヒントを提示。欧州・南米の愉快な言語文化も紹介する。著者による楽しいイラストも満載。文例多数。　　　　2200円+税

その他の外国語——役に立たない語学のはなし

黒田龍之助 著　ロシア語教師から英語教師へと驚異の転職をした著者の初の書き下ろしエッセイ。「その他」に分類されてしまうマイナーな言語を研究している中でおこる悲喜劇をユーモラスに綴り、「目立たない外国語」を学ぶ愉しみを縦横に語る。　　　　　2000円+税

外国語の水曜日——学習法としての言語学入門

黒田龍之助 著　NHKテレビ「ロシア語会話」の前講師の本。英語ばかりでなく、さまざまな外国語学習のヒントを言語学を軸に平易に解説する。涙ぐましい努力の数々と爆笑の失敗談なども紹介。外国語を学ぶ知識と勇気を身につけられる本。　　　　　　　　　2400円+税

羊皮紙に眠る文字たち——スラヴ言語文化入門

黒田龍之助 著　ロシア語などでおなじみのキリル文字。この文字の歴史とスラヴ言語の多様性を、NHKテレビ「ロシア語会話」の前講師が解明する。著者の体験を交えたユーモアあふれるアカデミックな文を追う中から東欧文化圏成立の壮大な史実が分かる。木村彰一賞受賞作。2300円+税

●現代書館の関連書

ドイツ語学への誘い──ドイツ語の時間的・空間的拡がり

河崎 靖 著 欧州地域内で最も話者が多い言語は実は英語ではなくドイツ語である。EU内で重要な役割を果たすこの言語の歴史・文化・特徴を一般向けに書き下ろした。ドイツ語とルターの宗教改革の関係を軸として宗教と言語の関係も解説する。　　　　　　　　　2300円+税

ゲルマン語学への招待──ヨーロッパ言語文化史入門

河崎 靖 著 英語・独語・蘭語グループのおおもとゲルマン語の全貌と歴史が分かる本。ギリシア、ラテンなど古典語として強い文化的求心力を持つ言語に対し、ゲルマン語が担ってきた多様な文化と歴史を多くの文献、会話例などで詳解する。　　　　　　　　　2300円+税

オランダ語誌──小さな国の大きな言語への旅

B.C. ドナルドソン 著／石川光庸・河崎靖 訳 日本人にとって江戸時代の「蘭学」の頃より大言語であったこの言語の歴史を、社会、民族、国家の関係の中から浮き彫りにする。平易な事例で明らかにしていくオランダ語入門。訳者による日本人向けの解説付。　　　2800円+税

雨がホワホワ──中国語のある風景

相原 茂 著 中国語学習者のための語学エッセイ集。「雨がホワホワ」って何のことだ？　氷砂糖と聞くと落ち着かなくなるのはなぜだ？　中国語を知ると見えてくるもう一つの風景をNHKテレビ「中国語会話」の前講師が明るく、痛快な筆致で描く。　　　　　　　2000円+税

北京のスターバックスで怒られた話──中国語学エッセイ集

相原 茂 著 北京で何がおきたのか？　中国語で体験するさまざまな愉快な出来事を軽妙に描いた相原茂氏の中国語学エッセイ第2弾。異言語・異文化との出会いを楽しみ、日中の違いを中国語をとおして考える。中国語ファンのための本。　　　　　　　　　　　　　　　1800円+税

英会話どうする？

里中哲彦 著 河合塾のカリスマ講師が書き下ろした英語学習論。最も効果的な学習法、忙しい人・お金のない人のための勉強法、到達目標レベルの検討法、LとRの発音の違いが分かる方法等。高校生から社会人まで英語学習者必読の学習案内。文例多数掲載。　　1800円+税

●現代書館の関連書

電話通訳——息づかいから感じる日米文化比較

スーザン小山 著　在米20年の著者が在宅電話通訳で体験した日本人の言動の数々。アメリカ文化と日本文化の違いが顔の見えない電話口だからこそ分かる言葉の真実。生死に関わる事柄から、日常のチョットしたトラブルまで数多くの実例で語る日米文化比較。　1800円+税

記号論（フォービギナーズシリーズ 89）

文・P・コブリー／訳・吉田成行　ソシュールから、ヤコブソン、パース、プラハ学派そしてその後エーコらの理論発展までも含め記号論の歴史をイラスト入りで詳解。古代ギリシア哲学の頃から続いてきた言語の謎に画期的な視点から迫り言語学の本質を描く。　1200円+税

チョムスキー（フォービギナーズシリーズ 97）

文・D・コグズウェル／訳・佐藤雅彦　生成文法で有名な言語学者であるチョムスキーの学問・人生・政治思想までをイラスト入りで解説。彼の言語学の変遷と学問的意義を平易に明かし、闘い続ける異端の言語学者の全貌を最も分かりやすくまとめた入門書。　1200円+税

プラハの異端者たち——中世チェコのフス派にみる宗教改革

薩摩秀登 著〈叢書 歴史学への招待〉　美しいバロックの都は、なぜ「異端の都」と呼ばれたのか。ローマ教皇の権威に挑み、五度にわたり十字軍を迎え撃ったプラハ市民の胸に去来したものは何か。全欧州を巻き込んだ中世宗教戦争の全貌を詳述する。　2800円+税

神の御業の物語——スペイン中世の人・聖者・奇跡

杉谷綾子 著〈叢書 歴史学への招待〉　中世欧州の心の風景を奇跡譚と巡礼の歴史の中に読み解く。奇跡話はいかにして人に癒しを与えたのか。スペイン中世の聖地サンティアゴ・デ・コンポステーラへの巡礼とレコンキスタ等イベリア半島中世史を詳述する。　3000円+税

ナチス・ドイツの外国人——強制労働の社会史

矢野 久 著〈叢書 歴史学への招待〉　慶應義塾大学教授でナチスドイツ研究の第一人者が、口語体の文章で易しく書き下ろしたナチス期の外国人労働者研究入門。ナチスの恐怖は人種差別だけにあるのではない。外国人労働者を通して初めて分かる史実を詳かにする。　2300円+税